语言学及应用语言学名著译丛

为何只有我们

语言与演化

〔美〕罗伯特·C.贝里克　诺姆·乔姆斯基　著
程工　李涤非　译

WHY ONLY US
Language And Evolution

商务印书馆
The Commercial Press

WHY ONLY US: LANGUAGE AND EVOLUTION
by Robert C. Berwick & Noam Chomsky

First MIT Press paperback edition, 2017
@2016 Robert C. Berwick and Noam Chomsky
All rights reserved. No part of this book may be reproduced in any form by any electronic or mechanical means (including photocopying, recording, or information storage and retrieval) without permission in writing from the publisher.

根据麻省理工学院出版社 2017 年英文版译出。

作者简介

罗伯特·C. 贝里克（Robert C. Berwick）

麻省理工学院数据、系统与社会学院教授，主要从事计算认知科学和语言生物学和遗传学等方面的研究，出版过《计算复杂性和自然语言》(*Computational Complexity and Natural Language*，1987)、《句法知识习得》(*The Acquisition of Syntactic Knowledge*，1985)等著作。

诺姆·乔姆斯基（Noam Chomsky）

美国著名语言学家、哲学家、认知语言学家和政治评论家，著作丰富，全球高被引作者之一；1955年在宾夕法尼亚大学获得语言学博士学位后在麻省理工学院从事教学和研究直至荣誉退休，曾任该校语言学与哲学系主任、认知科学研究中心主任，现任亚利桑那大学语言学教授；以《句法结构》(*Syntactic Structure*，1957)等著作创立了转换生成语法理论，引发了多学科的"认知革命"。

译者简介

程 工 浙江大学外国语学院求是特聘教授、博士生导师。主要研究方向为句法学和形态学。完成国家社科基金项目4项，发表学术论文60余篇，出版著作多部。

李泺非 杭州师范大学外国语学院讲师，博士，毕业于浙江大学外国语学院；主要研究方向为句法学和形态学。

语言学及应用语言学名著译丛
专家委员会

顾　问　胡壮麟

委　员　（以姓氏笔画为序）

　　　　　马秋武　　田海龙　　李瑞林

　　　　　张　辉　　陈新仁　　封宗信

　　　　　韩宝成　　程　工　　潘海华

总　　序

商务印书馆出版的"汉译世界学术名著丛书"在国内外久享盛名，其中语言学著作已有10种。考虑到语言学名著翻译有很大提升空间，商务印书馆英语编辑室在社领导支持下，于2017年2月14日召开"语言学名著译丛"研讨会，引介国外语言学名著的想法当即受到与会专家和老师的热烈支持。经过一年多的积极筹备和周密组织，在各校专家和教师的大力配合下，第一批已立项选题三十余种，且部分译稿已完成。现正式定名为"语言学及应用语言学名著译丛"，明年起将陆续出书。在此，谨向商务印书馆和各位编译专家及教师表示衷心祝贺。

从这套丛书的命名"语言学及应用语言学名著译丛"，不难看出，这是一项工程浩大的项目。这不是由出版社引进国外语言学名著、在国内进行原样翻印，而是需要译者和编辑做大量的工作。作为译丛，它要求将每部名著逐字逐句精心翻译。书中除正文外，尚有前言、鸣谢、目录、注释、图表、索引等都需要翻译。译者不仅仅承担翻译工作，而且要完成撰写译者前言、编写译者脚注，有条件者还要联系国外原作者为中文版写序。此外，为了确保同一专门译名全书译法一致，译者应另行准备一个译名对照表，并记下其在书中出现时的页码，等等。

本译丛对国内读者，特别是语言学专业的学生、教师和研究者，以及与语言学相融合的其他学科的师生，具有极高的学术价值。第一批遴选的三十余部专著已包括理论与方法、语音与音系、词法与句法、语义与语用、教育与学习、认知与大脑、话语与社会七大板块。这些都是国内外语言学科当前研究的基本内容，它涉及理论语言学、应用语言学、语音学、音系学、词汇学、句法学、语义学、语用学、教育语言学、认知语言学、心理语言学、社会语言学、话语语言学等。

尽管我本人所知有限，对丛书中的不少作者，我的第一反应还是如雷贯耳，如 Noam Chomsky、Philip Lieberman、Diane Larsen-Freeman、Otto Jespersen、Geoffrey Leech、John Lyons、Jack C. Richards、Norman Fairclough、Teun A. van Dijk、Paul Grice、Jan Blommaert、Joan Bybee 等著名语言学家。我深信，当他们的著作翻译成汉语后，将大大推进国内语言学科的研究和教学，特别是帮助国内非英语的外语专业和汉语专业的研究者、教师和学生理解和掌握国外的先进理论和研究动向，启发和促进国内语言学研究，推动和加强中外语言学界的学术交流。

第一批名著的编译者大都是国内有关学科的专家或权威。就我所知，有的已在生成语言学、布拉格学派、语义学、语音学、语用学、社会语言学、教育语言学、语言史、语言与文化等领域取得重大成就。显然，也只有他们才能挑起这一重担，胜任如此繁重任务。我谨向他们致以出自内心的敬意。

这些名著的原版出版者，在国际上素享盛誉，如 Mouton de Gruyter、Springer、Routledge、John Benjamins 等。更有不少是著名大学的出版社，如剑桥大学出版社、哈佛大学出版社、牛津大学出版社、MIT 出版社等。商务印书馆能昂首挺胸，与这些出版社策划洽谈出版此套丛书，令人钦佩。

万事开头难。我相信商务印书馆会不忘初心，坚持把"语言学及应用语言学名著译丛"的出版事业进行下去。除上述内容外，会将选题逐步扩大至比较语言学、计算语言学、机器翻译、生态语言学、语言政策和语言战略、翻译理论，以至法律语言学、商务语言学、外交语言学，等等。我也相信，该"名著译丛"的内涵，将从"英译汉"扩展至"外译汉"。我更期待，译丛将进一步包括"汉译英""汉译外"，真正实现语言学的中外交流，相互观察和学习。商务印书馆将永远走在出版界的前列！

胡壮麟

北京大学蓝旗营寓所

2018 年 9 月

目　　录

致谢 ………………………………………………………… 1
第一章　为何是现在？ …………………………………… 1
第二章　生物语言学的演化 ……………………………… 39
第三章　语言结构体系及其对演化的重要意义 ………… 65
第四章　大脑中的三角 …………………………………… 81

注解 ………………………………………………………… 128
参考文献 …………………………………………………… 137
人名索引 …………………………………………………… 155
主题索引 …………………………………………………… 161

致 谢

如果没有变化、变异、选择和遗传的话，我们所知的演化是不可能发生的。这本书也不例外。我们很幸运有数不清的人提出修改建议，鼓励变更，并剔除有害的突变。但也正如生物界的万物一样，演化，甚至是人工选择，都不可能是完美的。对于本书依然存在的瑕疵，理应负全责的是我们本人，而不是我们的基因，更不是那些帮助我们的人。只有进一步通过数不清的、微小的和不那么微小的、连续的修改，这些章节才有希望成为"极其完美的器官"。只有时间会证明一切。我们希望能够向下一代传递有价值的东西，他们是有可能真正解决语言演化这一谜团的人。

创新性的演化改变是难中之难。我们非常感谢 Marilyn Matz 激发了撰写本书的灵感。我们还要感谢荷兰皇家艺术与科学院，我们在它举办的会议上首度完成了第三章和第四章，我们还要对其主要组织者表示感谢，他们是：Johan Bolhuis、Martin Everaert 以及 Riny Huybrechts。与第二章稍有不同的一个版本首度发表于由 Anna Maria Di Sicullo 与 Cedric Boeckx 主编、牛津大学出版社出版的《生物语言学调查》(*Biolinguistic Investigations*)。

第一章
为何是现在？

我们生来啼哭，啼哭预示着语言的萌动。德国婴儿的哭声反映了德语的旋律；法国婴儿的哭声体现了法语的旋律，这看上去在出生前就形成了（Mampe *et al.* 2009）。出生后的一年左右，婴儿们便能掌握他们语言的声音系统，再过几年之后，他们已经能与照料者交谈了。一直以来，这种非同寻常的、人类独有的习得语言的能力，即"语言官能"（faculty of language）——引发了一系列重要的生物学问题，诸如：语言的本质是什么？它如何运行？又如何演化？

本文集讨论第三个问题：语言的演化。生成语法自 20 世纪中期诞生之初便对语言的演化有着强烈的兴趣，这一点虽然有些异议，但却是事实。生成语法首次寻求为语言——语法——提供明晰的解释，即能够解释我们下文所说的语言的"基本特性"：语言是一个有限的计算系统，能够生成无限的表达式，每个表达式在语义-语用与感知运动系统（通俗来讲，即思维与声音）都可以得到确定的诠释。刚开始处理这个难题时，任务似乎令人难以招架。众多语言学者用了全身解数所构建出来的语法只能勉强覆盖语言事实，但却极其复杂，当时很清楚的一点是，它们是不具有可演化性的。正因如此，除有个别显著的例外，关于语言演化的讨论很少能够公之于世。

那么，这些年来发生了哪些变化？首先，语言学理论更加成熟了。复杂的语言规则系统已成为过去，取而代之的则是大大简化的、从演化进程来看似乎也是更为可信的解释。此后，与语言相关的一些重要的生物组分，它们的生物学和遗传学性质得以查明，尤其是负责发声学习与产出的"输入-输出"系统——它构成我们称之为"外化"系统中的一部分，其性质我们已经基本清楚了。① 因此，我们可以有效地采取"分而治之"的策略：聚焦于语言更为核心的特性，而将外化的感知运动系统先置之一旁。

由于缺乏充足的证据，不少问题仍然悬而未决。尽管如此，语言学理论经历了过去二十几年的发展，极大地澄清了对语言起源各方面的认识。特别是，我们如今有充足的理由相信，人类语言的关键部分——驱动语言句法的基本引擎——比几十年前大多数人所认为的要简单得多。这对于演化生物学和语言学来说都是一个值得欢迎的结果。生物学家们深知，"表型"（phenotype），字面意义即"表现出的形式"，它的定义越严格，我们对于表型如何演化的生物把握就越牢靠，人类与其他不具有语言的物种之间的区别就越容易找到。随着表型定义的改进，我们便可以着手解决从一开始就使达尔文主义解释一筹莫展的语言演化难题。这在很多文献中被称为"达尔文难题"或"华莱士难题"，后者是以自然选择演化的共同发现者阿尔弗雷德·拉塞尔·华莱士（Alfred Russel Wallace）的名字命名的，它更为恰当。华莱士最早唤起人们注意，采取传统达尔文主义、适应主义的观点来解释人类语言会遭遇很多困难，因为他观察不到任何一项生物功能是不具有语言的物种所不能完成的。[1]

语言对演化论的解释确实构成了严峻的挑战。一方面，达尔文式的思想一般要求演化是渐进的，即从某个远祖开始，经过一系列微小的变化。另一方面，由于其他动物都不具有语言，那么，语言看起来是一种生物跳跃（biological leap）现象，这违反了林奈（Linnaeus）和达尔文原则：自然无跃进（*naturae non facit saltum*），即"自然选择只能通过微小

---

① 这段话的意思是，当代生物学和遗传学的研究已经证明，某些生物组分，比如发声学习和产出系统，长期以来被认为是人类独有的，是为语言而演化出来的，但实际情况并非如此。可参看下面各章的叙述。——译者

的、连续的变异发生,她不能出现跃迁,而只能以最短和最慢的步骤进行"(Darwin 1859, 194)。我们坚信,达尔文的连续论与变化之间的张力能够得到化解。这是本书的一个核心目标。

达尔文的观点是什么?他从未动摇过他所提出的无穷小演化改变与持续性这一强式原则。在《人类的由来》(1871)一书中,达尔文提出了关于语言演化的"卡鲁索"(Caruso)理论:与孔雀的开屏求爱类似,更善吟唱的男性得到了女性的性选择,进而导致发声器官像孔雀的尾巴一样得到完善。发声能力的改进导致了大脑尺寸的同步增加,这又进一步促使了用于表达内部思维的语言的产生:

> 随着嗓音的使用越来越多,根据使用的遗传效应原则,发声器官不断加强与完善,这将会反过来作用于语言能力。但语言的持续使用与大脑发展之间的关系无疑更加重要。在人类能够使用任何形式的语言之前,人类某一辈远祖的心智必然已经比如今任何猿类更加发达;但我们也相信,语言能力的持续使用以及该能力的发展将会作用于心智,这将促使和鼓励它进行连续的思维活动。若不借助任何图形与代数,冗长的计算则是无法完成的。类似情况也出现在思维活动中。若缺乏词语的帮助,无论其形式是口头的还是无声的,连串的、复杂的思维活动难以顺利进行。(Darwin 1871, 57)

达尔文的卡鲁索理论在近期经历了某种复兴。事实上,本书的作者之一(Berwick)曾于1996年在爱丁堡举办的第一届语言演化大会上,基于韵律结构的现代语言学理论对其进行了更新。[2] 如今,拥护达尔文乐源性语言演化理论(musical protolanguage theory)的第一人当属菲奇(Fitch 2010)。正如他所提到的,达尔文的理论极具前瞻性与现代性。我们赞同在上文所引的那段话中达尔文的一个观点,即语言与思维紧密相连,用古生物学家哈里·杰里森(Harry Jerison 1973, 55)的话说,语言是"内部心智的工具"。在第三章中我们会为此观点提供语言实证支持。

与某些观点相反的是,关于语言演化的"达尔文问题"其实并非是一个禁忌的话题，好比某个古怪的亲戚被禁锢在顶层阁楼里达三十年之久，直到20世纪九十年代才得以"复活"。相反，在20世纪五六十年代以及整个七十年代，在马萨诸塞州坎布里奇市，语言演化一直是一个人们极感兴趣的话题，这一深厚的兴趣直接反映在艾瑞克·雷纳伯格1966年9月出版的《语言的生物基础》一书的前言中。(Eric Lenneberg 1967, viii)，他感谢了"过去15年"帮助过他的一长串为人熟知的名字：罗杰·布朗、杰罗姆·布鲁纳、乔治·米勒、汉斯·托伊伯、菲利普·利伯曼、恩斯特·迈尔、查尔斯·格罗斯，以及诺姆·乔姆斯基。在我们看来，雷纳伯格的书如今仍具有很高的现实意义，非常符合时宜，尤其书的第六章"演化论与遗传学视角下的语言"，即使在当今也仍然是缜密的演化论思维的典范，他早期的著作（Lenneberg 1964）也是如此。从某种意义上来说，我们的文集是对雷纳伯格著作的更新。

根据我们对这段历史的了解，雷纳伯格先后完成了以下的工作：他很有先见地提出跟踪收集儿童导向的言语；发现手语可以自发地创造出来，且是一种完备的人类语言（马萨诸塞州沃特敦的帕金斯聋人学校）；发现即使在严重病理的情况下，语言习得依然能够成功；提供了语言习得关键期的证据；指出语言句法与其他认知官能是分离的；创造了诸如"语言准备就绪的大脑"（language-ready brain）等现代术语；对有语言障碍的家族进行了家系分析，印证了 *FOXP2* 数据，从而为语言有基因组分的观点提供了证据；他指出"假设'语言基因'的存在是不必要的"（Lenneberg 1967, 265）。并且，他还对比了语言演化的连续论与非连续论，主张非连续论的立场，并用语言官能显而易见的一致性等关键证据支持了这一立场："所有种族的语言能力是完全相同的，这说明语言这一现象必定存在于种族多样化之前"（Lenneberg 1967, 266）。

那么，真实的情况是，人们对语言与演化的问题一直保有长久的兴趣。诚然，在20世纪五六十年代，除了雷纳伯格所写的之外，人们对语言演化能说的东西并不多。当时典型的生成语法由许多复杂的、有序的转换规则组成。粗粗浏览乔姆斯基《句法结构》（1957）附录 II 中有关英语的 26 条高度详细的规则，便可发现它们所体现的复杂性。尽管如此，语言学家对于语言演化的兴趣并没有减弱，并且时不时地举办一些关于语言演化的重要会议，如 1975 年在纽约科学院举办的国际会议（Harnad, Steklis & Lancaster 1976）。自 20 世纪六十年代中期起，人们已经认识到，那些从一种语言到另一种语言之间极端不同的、复杂的规则系统虽然能够满足充分描写每一种具体语言的要求，但却完全不能解释儿童为什么可以轻松地习得任何一种语言。人们逐渐意识到，通过探索对语言习得的生物系统的限制，即对普遍语法的限制，可以化解这个谜团，而普遍语法就是语言官能遗传组分的理论。[3] 在 1975 年纽约科学院举办的语言演化会议上，本书作者之一（Chomsky）曾提到，正如本章开头所讲，似乎有一些限制条件约束了语言"表型"，从而缩小了演化的目标。例如，语言规则经常局限于一些特定的区域，因此我们可以说 Who did Mary believe that Bill wanted her to see（玛丽相信比尔想让她见的人是谁），在该句中 who 作 see 的宾语解释，而当 who 内嵌于一个名词短语内时，则不可做此解释，如 Who did Mary believe the claim that John saw（Chomsky 1976, 50）（另见第四章）。正如那次报告所总结的，"我们有充分的理由推测，这个心智器官，即人类语言，依照遗传所决定的特征而发展，不同语言之间的差异则是由一些微小的调整造成的"（Chomsky 1976, 56）。诸如此类的问题甚至在语言学家们为某种单一的语言构建生成语法时便出现了。

之后的十年中，这类探索的脚步大大加快，一系列大量的 UG 的系统限制条件不断积累，从而形成了"原则与参数框架"（P&P）。在 P&P 模型中，《句法结构》中一些详细的转换规则，如英语中将名词短语从宾语位置移到主语位置的"被动规则"，或在英语疑问句中将 who 一类的单词移到句首的规则，合并成为了单一的一项操作，即"移动任何短语"（"移动-α"），它同时还包括一系列排除非法移位的限制，如上段所提到的对于 who 或 what 一类的 wh- 词语的限制通用形式。它们被设置为一系列有限的、能够捕捉语言之间差异的可允准的小变化,称为参数——例如,日语是动词居尾,而英语和法语则是动词居首。正如马克·贝克(Mark Baker 2002)所提到的,语言学理论在外观上看起来与元素周期表有些类似,原子相互结合形成可能的分子。

到了20世纪九十年代,原则与参数模型已经能够解释相当多的跨语言差异,因此,我们可以首次抽身出来,看看能不能同时把规则和限制归结成最小的可能的集合,该集合具有诸如高效或优化计算原则这样的独立动因。对人类语言最简系统的追求导致了极大的简化,即更狭窄的语言表型。

我们如何描述这种更狭窄的表型?过去六十年间,对生成语法的研究揭示了人类语言一些基本的、几乎没有争议的原则。人类语言的句法结构至少包含三种关键特性,它们都符合最简系统的假设:(1)人类语言的句法具有层级性,而不考虑线性顺序,线性顺序限制仅作用于外化;(2)与句子有关的特定的层级结构会影响其释义;(3)相关句法层级结构的纵深不存在上界。值得说明的是,如果这些都是正确的,那么满足(1)意味着任何合格的语言理论都必须能够构建一系列层级结构表达,而忽略其线性顺序;而(2)蕴含着结构(部分地)在"意义"层面确定了其释义。最后,(3)意味着这些表达式潜在上是无限的。正因如此,这些是任何合格的句法理论所必须包含的最简特征,也即它们是最简方案的一部分原因。

为了说明语言的确具有这些特征,我们来看一个简单的例子,之后在第三章、第四章我们还会再次提到它,即 *birds that fly instinctively swim* 与 *instinctively birds that fly swim* 这两句话的对比。前者是一个歧义句,副词 *instinctively* 既可以修饰动词 *fly*,也可以修饰 *swim*——可以是鸟类本能地飞翔,或是它们本能会游泳。现在我们再看第二个句子,将副词 *instinctively* 放至句首彻底改变了这句话。在 *instinctively birds that fly swim* 这句话中,*instinctively* 只能修饰 *swim* 而不能修饰 *fly*。这看起来难以理解。毕竟就单词数量来看，*instinctively* 与 *fly* 离得更近，而与 *swim* 相隔较远；*instinctively* 与 *fly* 之间只隔了两个单词，而与 *swim* 隔了三个单词。但是，人们并不会把 *instinctively* 与离它更近的 *fly* 联系起来，而是会与较远的 *swim* 相联系。实际上，真正的原因是，在结构距离上，*instinctively* 与 *swim* 的距离比与 *fly* 更近。从 *instinctively* 算起，*swim* 内嵌一个层级，而 *fly* 的嵌入层级更深。（第四章图 4.1 提供了一张树形图。）显然，在人类语言句法中，线性距离无关紧要，只有结构距离才起作用。

层级特性不仅在人类语言句法中的地位至高无上，它们还没有实际的上界，尽管其加工难度当然可能随着层级高度而增加，例如句子 *intuitively people know that instinctively birds that fly swim*（直觉上人们知道本能会飞的鸟也会游泳）。如果我们赞成丘奇-图灵（Church-Turing）论题以及人类大脑是有限的这一假设，那么我们便只有一条出路：我们需要递归的某种概念才能够充分地描写这些现象。这是毫无争议的。上述三种特征共同确立了任何合格的人类语言句法理论的最简要求。

然而，当代关于灵长类动物神经科学的讨论有时明确且强烈地否认这三个断言，相反，他们主张语言只需要与线性顺序相关的限制，而且也没有必要提出层级限制或递归概念。该立场对于神经生物语言研究及演化模型都具有深远的影响。但是，它是错误的。

例如，博恩克塞尔-施莱索斯基与同事（Bornkessel-Schlesewsky et al. 2015）在此基础上主张人类与其他灵长类具有连续性："我们不赞成这个概念……即人类语言需要一个更精密的、独特的计算机制（如由递归产生的离散无限性）。……使 A 与 B 两种成分以特定顺序结合成为 AB 序列的能力，便构成了人类语言加工能力的计算基础。"（2015, 146）

他们还得出了一个或为关键性的演化结论："有令人信服的证据表明，非人灵长类的计算结构……性质上足以执行必要的计算。"（Bornkessel-Schlesewsky et al. 2015, 143）如果该结论正确，这将对演化理论产生深远的影响。那么，"人类语言基本的计算生物学前提条件，包括句子和语篇加工，则已经出现在非人灵长类动物中"（2015, 148）。

然而，正如我们所看到的，博恩克塞尔-施莱索斯基的主张显然是错误的。线性加工对于人类语言来说是远远不够的。这就说明博恩克塞尔-施莱索斯基等人所发现的灵长类动物的机制原则上不足以解释我们通常在人类语言中所发现的现象。如果这是正确的，那么，基于这点，非人灵长类动物的大脑则难以模仿人类语言的诸多方面。

让我们概述一下最简方案的分析。在最理想的情况下，人类语言句法构建层级结构所需的是一个单一的操作，即合并（Merge）。这种操作能够将任何两个句法成分合并成一个新的、更大的层级结构表达式。

简单来讲，合并操作是一种集合构造。给定一个句法客体 X（要么是一个类似单词的原子，要么本身即是合并操作的一个产物）和另一个句法客体 Y，合并生成一个新的层级结构客体，即 {X,Y} 集合；新的句法客体通过满足最简计算条件的算法获得一个标签。例如，*read* 和 *books* 合并生成 {*read, books*}，其结果通过最简搜索获得标签，它定位于组合"中心词"的特征上，在本例中，即动词成分 *read* 的特征。这与传统的成分结构概念保持了一致，*read books* 是一个"动词短语"。这个新的句法客体可以做进一步的计算，因此体现了我们之前提到的人类语言的基本特性。

在之后的章节中我们会继续讨论这个理论，但就现在而言，应该清楚的是，像这样仅仅关注表型，则大大减小了演化理论的解释负担——简言之，我们没有太多需要解释的，因此也就削弱了"达尔文悖论"。对人类语言表型近期所做的提炼和狭化便是本文集的第一个动因。

第二个动因是我们对于语言生物基础的认识有了改进。我们现在可以有效地使用"分而治之"的策略把难度较高的语言演化问题切分为三个部分，正如语言的基本特性所描述的那样：（1）一个内在的计算系统，它负责构建层级结构化的表达式，这些表达式在与其他两个内部系统的接口中获得系统性的诠释，它们分别是（2）感知运动系统，它负责外化，如产出和结构解析，（3）概念系统，它负责推理、解释、规划和行动组织——

通俗来讲即"思维"。值得一提的是，外化不仅仅包括发声/肌动学习和产出，还至少包含语言的一些其他方面，如构词（形态），它与语言的声音系统的关系（音系和语音），输出调整以减轻记忆负担，以及韵律。

然而，从我们的立场来看，更为重要的是，在语言中，显然任何感官模态都可以在输入或输出中使用——声音、符号，或触觉（幸好，嗅觉看起来不在该列表之中）。需要注意的是，内部层级结构本身并不含有任何从左至右的短语、词汇或其他成分的顺序信息。例如，能够将日语与英语、法语区分开来的动词-宾语或宾语-动词选项甚至并没有体现在其内部层级结构中。相反，语言序列性的次序是由外化要求而强加的。如果其模态是听觉上的，那么这种输出通常被称为言语，它包括发声学习与产出。但是，输出也可以是视觉或肌动的，如手语。

在一定程度上，多亏了对鸣禽的比较研究、神经生理学研究和基因组研究，人们逐渐开始理解，人类与鸣禽的发声学习的生物基础属于演化中的趋同系统：它们相似却又相互独立。发声学习——即学习区别性的、有序的声音的能力，也许是依靠100～200个基因获得的（Pfenning *et al.* 2014）。鸣禽与发声学习的哺乳动物的发声学习显然都具有区别性的神经生物学证据，这一点可以从发声运动皮质区（vocal cortex motor region）到脑干发声运动神经元的投射看出，如图1.1上半部分所示。这些直接的投射显然不存在于如鸡或猕猴等非发声学习者中，如图1.1下半部分所示。[4]

近期，康茗斯和根特纳（Comins & Gentner, 2015）、恩格雷赛（Engresser *et al.* 2015）等人的发现表明，这种学习能力不止是简单的排序。康茗斯和根特纳的报告指出，椋鸟所展现出的抽象范畴的构造与人类声音系统相类似，恩格雷赛与同事宣称发现了一种鸟类——栗冠弯嘴鹛（*Pomatostomus ruficeps*）——具有"音位对比"能力。科恩（Coen, 2006）对这一物种特异性的可能性有过预见。最近，高桥等（Takahashi *et al.* 2015）报告说，猕猴幼崽通过一种类似人类婴儿调音（tuning）的方式使发声更精准，这可能正是科恩所预测的方式。贝里克（Berwick 2011）等人已经证明了鸟歌中有限的线性顺序是能够从数量上可计算的正向例子中获得的。如果这一切都是正确的，它使我们能够将语言系统外化的方面置之一旁，而专注于其他核心的、人类独有的方面。

最后，举一点神经学证据来佐证我们"分而治之"的方法。大卫·珀佩尔（David Poeppel）研究组近期发表的动态皮质活动脑磁图（MEG）的实验结果也表明，语言层级结构诱导的脑活动与单词流的线性诱导是不相联的（Ding et al. 2016, 印刷中）。关于语言与大脑我们会在第四章进一步叙述。

至于第三个动因，至少在我们看来，雷纳伯格对生物及语言演化本质的重要见解有被遗忘的危险。例如，他曾对达尔文的演化"连续论"和他本人的"非连续论"两种观点的利弊做过细致的讨论。由于演化思维的近期进展已经阐明了这些立场，因此，雷纳伯格的观点在当时显得尤为深刻。与任何丰富的科学领域一样，现代演化生物学已经超越了达尔文原本的观点，即把演化视为源自个体选择的适应性变化。

达尔文的确犯了一些错误，或许最为人熟知的错误被所谓的现代综合论（Modern Synthesis）纠正了。现代综合论是20世纪中叶出现的自然选择演化论与孟德尔主义（Mendelism）和颗粒遗传（基因）[particulate inheritance (genes)]的结合，它弥补了达尔文缺乏恰当的遗传模型的缺陷，并且最终促使演化分析进入了现代基因组学时代。达尔文采用了他所处时代的（错误的）遗传理论，即"融合遗传"（blending inheritance）。基于融合遗传理论，假如使红色花朵与白色花朵交配繁殖，那么它们下一代的花朵颜色将会全部介于红色与白色之间，即粉色。融合很快便会抹去变异，从而使自然选择难以继续——回想一下童年时，你拿着湿漉漉的画笔在水彩调色板上来回涂抹的经历。起初，色谱上颜色各异，从紫色到黄色，最终会全部变成土褐色。然而，如果下一代全部都具有土褐色性状，那么，自然选择便没有什么可以选择的了。无人处于平均值以上，也无人处在平均值以下；对于自然选择这个筛选器来说，一切都是一样的。没有变异，则没有自然选择。那么，达尔文所提倡的机制将会在一到两代内停止运转。我们需要的是想办法保留代代相传中的变异现象，尽管红色与白色的花交配繁殖有时会得到粉色。

孟德尔找到了答案：遗传是通过离散颗粒，即基因来完成的，尽管那时他对此当然无从知晓。迟至 20 世纪前半段，现代综合论的创始人斯莱·赖特、罗纳德·费舍尔和哈丹揭示了如何将孟德尔颗粒遗传与达尔文自然选择演化论系统地结合起来，构建了数学模型，明晰地展现达尔文机制在代代相传中是如何运行的，从而使种群性状的频率得到了改变。

另外，达尔文还（通常是默认地）假定生物种群是无限的，即使在实际上无限的种群中，自然选择的演化也是一个完全确定性的过程，而这又是一个严重的错误。演化引擎上的每一个齿轮——适应度、迁徙、繁衍能力、交配、发育以及其他因素——均受坎坷不平、反复无常的生物命运所支配。适者生存归根结底往往是幸者生存，这会影响到演化是否像达尔文所预见的那样平稳且连续。要认清这一点需要更加精密的数学计算，但据我们所能查到的资料来看，近期有关语言演化的书没有一本完全理解这一点。达尔文本人在他的自传中也曾写道："我在连续的、纯抽象的思维方面的能力是非常有限的；因此我在玄学与数学上难有造诣。"（Darwin 1887, 140）

我们将在本章的剩余部分以倒序的方式阐述后两个动因，先介绍演化理论，然后连同演化与基因组学一起来讨论分而治之的方法。关于最简方案以及强式最简命题（Strong Minimalist Thesis）的细节，我们将留到第二章和第三章中叙述。

演化理论的演化

让我们以下面这个问题开始：当代的演化理论和语言演化的理论有什么新颖之处？我们可以从约 1930 年的历史背景展开。如前所述，那时

17 正值现代综合论的鼎盛时期。如今大部分语言演化论者看来都领会了当年达尔文主义在遗传方面所遭遇的麻烦，也了解了现代综合论所提出的解决方法，一些作者甚至还提到了有限的种群规模对于演化性改变的简单效应——例如，在小规模种群中出现的抽样效应（sampling effect），又称"遗传漂变"（genetic drift），可能会导致优良的性状因运气不好而丧失（在该种群中它们的频率变为0），也可能导致非优良的性状因运气好而完全固定（它们的频率变为1）。理解其中的原因并不难。我们可以像斯莱·赖特和罗纳德·费舍尔那样来说明：将生物种群看作是一个罐子里不同颜色石子的有限集合，每块石子代表一个个体或基因变体——假设白色占80%，红色占20%。种群数量是固定的——不存在会改变石子颜色频率的选择、突变、迁徙，或其他任何形式的变化。现在，我们模拟一个种群规模为5的一代。我们随机从罐子里选取一块石子，记下它的颜色，放回罐子，再继续抽取，直到我们选取了5块石子为止。这5块被选取的石子便构成了新的"后代"类型，作为第一代。接下来，我们重复这个过程，并留意第二轮的抽取所反映的可能出现的频率变化。例如，我们得到的石子颜色有可能为4白1红——这与我们起初的红、白频率相符。但我们也有可能得到（比如说3块白色石子和2块红色石子）60%的白色和40%的红色，这种情况下，我们在第二代中选取红色石子的几率为2/5。游戏将一直持续。

很明显，我们有一定的几率根本不会抽到红色的石子，那么红色便会

18 灭绝——一旦罐子里不再有红色石子，那么它们也就没有可能魔术般地再次出现（除非我们假设有一些方式能使白色石子"突变"成红色）。起初，当我们每次从罐子中抽取石子时，选到红色的概率平均为 1/5 = 20%，与该种群中其他"个体"概率一样。因此，红色石子在任何一次抽取中不被选中的概率平均为1减去这个概率，即 1 − 1/5 = 4/5。两次抽取后红色石子不被选中的概率即为两次都未选中红色石子的概率，4/5 × 4/5，即16/25。以此类推。平均来说，第一代五次都没有选取到红色石子的概率

为 (4/5)^5，约 0.328。因此，红色石子有近 1/3 的可能性将会消失，它的频率将会从 20% 降为 0。同样，如果我们连续五次选中了红色石子，那么白色石子的频率将会由 80% 降为 0——在第一代中这种情况发生的概率平均为 (1/5)^5 = 0.032%，远远小于彻底失去红色石子的概率。正是这样，白色与红色石子的结合使得后代颜色的频率在 0 与 1 之间漂变，并没有一个固定的趋势——所以称为"遗传漂变"。

事实上，不难说明在这种简单的背景下，任何特定的颜色都会因为遗传漂变而最终走向灭绝或固定。为了形象地描述这一点，可以用另一种图设——"醉汉行走"——来设想"遗传漂变"。一位醉汉跟跄地离开了他钟爱的酒吧，时钟每嘀嗒一次他便向前或向后迈出随机的步伐。这即是一维的随机行走。一段时间之后，醉汉会走向哪里？直觉上，因为醉汉是从酒吧迈出的第一步，那么似乎他应该会走回起点。然而随机行走总会在起点附近徘徊的直觉是错误的。事实上，随机行走总是会到达某一处——离开起点的预期距离随着时间（也就是步数）的平方根而增长（Rice 2004, 76）。如果我们将步数改为性状或基因，频率在 0—1 之间，那么醉汉平均有 50% 的可能性到达 1——在这种情况下，该性状或基因在该种群中便会固定并保留——醉汉平均也有 50% 的可能性到达 0——在这种情况下，该性状或基因便会灭绝且维持在 0。现代综合论的引领者们使用统计模型从数理上至少部分地展现并预测了这些效应。

然而，据我们所能查明的情况，尽管当代研究者普遍拥护现代综合论，但近期关于人类语言演化的论著似乎没有一个完全理解从传统的达尔文主义到完全随机的现代理论版本的转变——具体来讲，随机效应的存在不仅是不定向的漂变这样的抽样造成的，而且它也存在于适应度、迁徙及遗传中的定向随机变异——事实上，它存在于影响个体或基因频率的所有"力量"中。适应度并不是有些人认为的万能的"通用算法酸"，偶然与机遇起着相当大的作用。演化的可能性空间如此之大，以至于即使拥有数亿万年的时间和数以亿计的生物体，许多甚至大部分"解决办法"都不能用于基于自然选择的演化。上述思想在查特吉（Chatterjee, 2014）等人近期的一项形式化研究中得到了确认，他们证实了适应所需的时间通常与其基因序列的长度呈指数函数关系——也就是说，即使假设以地质时间为刻度，这个时间仍然是不够的。（那种认为因为许多有机体在起作用，所以"并行处理能力"来源于自然选择的演化这一观点其实是一种空想。）

让我们以一个真实的例子来说明随机效应。斯蒂芬森与同事（Steffanson *et al.* 2005）曾发现一个特殊的大范围的人类 17 号染色体遭到破坏。[5] 相比于不携带这种变异的女性，携带这种染色体变异的冰岛女性多出 10%（0.0907）的后代。我们把这两组分别命名为 C+（携带变异者）和 C（不携带变异者）。根据通常的达尔文学派的术语，我们称 C+ 组的女性比 C 组女性的"适应度"高 10%，或者 C+ 组的女性有高出 0.10 的选择优势。也就是说，C 组女性每生育一个孩子，C+ 组女性便有育有 1.1 个孩子。（我们在"适应度"加上双引号是有充分理由的。[6]）

根据我们对人类繁衍的了解，现在很容易理解的一点是，相较于 C 组女性生 1 个孩子的情况，C+ 组的女性实际上不可能恰好生 1.1 个孩子。那过于理性了。实际上，研究者列表中的所有女性（共 16,959 位）分别生育了 0、1、2、3、4、5 或更多的孩子（其中 2,657 位女性生育了 5 个或更多）。因此，C+ 组女性**平均**比 C 组女性多生育 10% 的孩子——但有部分"更具适应度"的 C+ 组女性并没有生育后代（事实上，这个数量并不小，共 764 位）。这是问题的核心：任何一个特定的个体（或基因）都可能比整个种群的适应度高 10%，但仍然没有留下后代（或基因拷贝）。实际上，在本例中，764 位"更具适应度"的女性，适应度其实是零。因此，适应度是且必然是一个随机变量——它有一个平均值，但也存在一些变异，也就是说，它是一种概率分布。因此适应度本身就是随机的——类似于"遗传漂变"（以及迁徙、突变和其他类似方式）。但与遗传漂变不同的是，适应度与选择优势具有定向性——它不像醉汉一样跟跄踱步。

这些因素都能够影响到演化的结果——这些结果在我们所知的有关语

言演化的近期书目中都未涉及，但却可能在任何新的基因或个体创新中迅速出现，而谈及语言涌现时，起作用的可能就是这样的情景。那时，群组或繁殖种群可能是小规模的。当然，模型未必详细到能够充分反映这种程度的细节。

此外，也许有人会回应说，适应度与达尔文演化论只关乎种群的平均值而非个体——在演化中，发挥作用和发生改变的是高适应度和低适应度的频率，而不是具体的某位女性发生的情况。这样说在某种程度上是正确的，但当个体或基因拷贝的数量很小时便不适用了，而这恰恰正是任何真正的新性状出现时的关键情况。

为何如此？如果我们选取常用的概率分布为该情况建模，那么，一个具有 10% 的适应优势的单一个体（或基因）在一代之内灭亡的概率高得惊人，超过 1/3，约为 0.33287。[7] 况且，这还是在它具有巨大的适应优势的情况下，大概比该领域的一般测量值高出 1 到 2 个数量级。此外，如果一个单一的个体或基因完全不具有选择优势——它是中性的，因此它的适应度为 1 ——那么，人们也许会预计，与它适应度更高的亲属相比，它在一代内灭亡的概率会大大增加。然而，这种概率的增长幅度微乎其微：完全消失的概率从 0.33 增至 0.367，只增长了 2%～3%。这不仅与人们起初所想的不同，而且与所有语言演化的书籍所描述的都大相径庭——这与遗传漂变并不相似，并不是种群越小，丢失或获得某性状的概率就越大。[22] 当基因或个体拷贝的数量很小时，种群规模对于一代内灭绝或存活的概率不起任何作用。

为何这个结果如此重要？每当一个新的基因变种或一个携带新变种的个体出现时，它通常是单独存在于这个世界的，或者至多有 4 到 5 个拷贝（假设一个新的性状通过基因突变出现在某一个体的所有后代中）。种群规模是无法控制这一创新的初始轨迹的——这再次与当代语言演化文献中的普遍观点相悖。正如吉莱斯皮（Gillespie 2004, 92）所说，"我们判断，某个单一基因所产生的后代数量与［种群规模］无关。……当该［基因］

变得更加普遍，我们的关注点从拷贝数量变成其［频率］时，此时再谈它的随机动态是由遗传漂变来决定的才更正确"［强调号为作者所加］。简言之，当新的基因变种首次出现时，带有该性状的个体需要先爬出不受自然选择掌控的"随机引力井"（stochastic gravity well）。

一旦该个体（或基因拷贝）的数量达到了一个基于适应度的特定临界点，那么自然选择便接管了掌控，适应度高出 10% 的个体便乘坐着为人熟知的"达尔文号"过山车冲向了顶峰，获得最终的成功，在种群中的频率固定为 1。（为什么更具适应度的冰岛 C+ 组女性并没有占据整个国家，或至少整个冰岛沿岸？）

那么，临界值是多少？如果一个新的性状或基因变体具有 10% 的选择优势，为了能够 99% 地确定这个"新来者"不会灭绝——也就是说，它的频率需要固定在 1 而不是 0。结果大约是需要 461 个个体。重要的一点是，这个临界值也与种群规模无关。吉莱斯皮（Gillespie 2004, 95）清楚地阐述了这个问题："在起初的几代中，唯一重要的是后代的随机数量。……在建模计算这些个体的命运时，种群规模是没有位置的。"

简言之，要想成为一位完全现代的演化理论家，我们应该从"基因视角"转向"赌徒"视角。（有兴趣深入探索该话题的读者可以查阅 Rice 2004 第八章及第九章，或 Rice, Papadapoulos & Harting 2011。）最低限度是什么呢？那就是需要将现实世界生物学和随机行为注入到演化全景中。这包括随机迁徙率（埃利斯岛的过去与现在）；随机遗传模式（你长得毕竟不像你的祖父母）；基因之间的交互（没有单一的"语言基因"）；以及频率增长时适应度的波动。（每个人都带来人口过剩？）如果我们做到这些，那么，适应性演化总是到达适应度顶峰这一过于简单的观点便分崩离析了。想同时满足一千零一个交互基因的作用已非常困难，更别提调适它们共同达到最优适应度了。

有人曾声称，在演化情景中应用博弈论可以解决自然选择所遭遇的难题——我们称之为"演化稳定策略"（Maynard-Smith 1982），这也决定性地"解决"了与多维适应度最大化（multidimensional fitness maximization）相关的问题（Fitch 2010, 54）。这种说法并不正确。这样的解决方法并不存在，至少尚不存在。博弈论在现代演化思想中确实占有重要地位，因为它旨在考虑某个个体根据其他个体的动作或策略应该怎么做。因此，博弈论在频率依赖性（frequency-dependent）选择中尤为重要，在频率依赖性选择中，适应度随着其他使用同一种策略（例如，决定早生而不是晚生后代）的个体数量而改变。若使用其他方法分析这种多维度的频率依赖场景一般是极其困难的。事实上，在我们看来，频率依赖效应也许正是我们所预想的人类语言演化的情况，它包含有／无语言的个体之间的动态交互作用。我们需要诺瓦克的关于语言的演化动态模型（Nowak 2006）。

我们在此没有采用频率依赖论或博弈论的论证方式，这是因为我们不确定它所需的其他假设能否得到满足。博弈论的演化分析尽管在语言演化会议上常被提及，但却并非像人们所说的那样无所不能。博弈论分析最适用于种群规模非常庞大且处于平衡状态的情况，没有突变，且不存在有性重组——也就是说，当我们无须考虑随机效应，或当我们想要了解种群起初是如何过渡到平衡状态的时候最适用，而这恰恰与那时人类的有效人口规模很小，且不处于平衡状态这一普遍接受的假设相反。最后，博弈论方式往往脱离了我们从种群遗传学和分子演化研究中得到的洞见——这恰巧是我们在现代基因组时代对于演化论的认识以及大量已经和将要收集的新数据中的一部分。当然，马丁·诺瓦克（Martin Nowak）及其他研究者将传统的现代综合论种群基因模型与博弈论分析相结合，近期已取得了重大进展（Humplik *et al.* 2014; McNamara 2013）。博弈论是现代演化理论学者工具包中的基本组成部分，但它也有局限，且这些局限在分子演化学的背景中还没有得到彻底解决。（Rice 2004，第九章；Rice, Papadapoulos & Harting 2011 提供了更多讨论。）简言之，《传道书》（Ecclesiastes）9:11 自始至终都是正确的："捷足者未必先登，力战者未必得胜，智者未必食，明哲者未必得财，巧手者未必得益；所临到众生的，是在乎当时的机会。"

如果该结论是正确的，也就表明我们需要将随机效应纳入到语言演化的考虑之中。事实上，正如格林（Gehring, 2011）所主张的（甚至达尔文也曾不太情愿地承认过），每当人们遇到像眼睛这样真正的新性状出现时，似乎都暗含偶然性的存在。我们下面很快会再回到对眼睛的讨论。总体来说，我们应该理解演化理论家艾伦·奥尔（H. Allen Orr）所提出的主张，"适应并非自然选择"（Orr 2005a, 119），因此每当我们碰到这两个不同概念被漫不经心地放在一起时，需要心存谨慎。

从确定性的达尔文主义到随机性版本的转变，原因是自1859年达尔文的《物种起源》出版后，研究者们对于演化以及随机过程的发展有了更为精巧的数理和生物理解。这种进步在任何蓬勃发展的科学领域都是意料之中的——演化理论自身的演化——但是，似乎不少作者仍然没有摆脱达尔文最初的观点，依然将演化视为个体的纯粹的适应性选择。即使无须全盘否定达尔文主义，无须引入病毒传播，大规模的水平基因流动，或奇迹般地大突变（macromutation），甚至无须合并吸收演化发育生物学（evo-devo）中的合理观点，我们现在已知达尔文和现代综合论的观点在理论和实证两个方面都不够精确，现有的研究已经充分证明了这一点（Kimura 1983; Orr 1988, 2005a; Grant & Grant 2014; Thompson 2013）。

那么生物是怎样演化的？用斯蒂芬·J. 古尔德（Stephen J. Gould）与他的批评者之间的著名交锋中所使用的方式来说，演化是匍匐式的，还是跳跃式的？（Turner 1984; Gould & Bose 2007）当然两者都是。有时，正如达尔文的经典观点所说的那样，适应性演化的确非常缓慢，需要历经几百万年。但有些演化的速度相当地快，甚至惊人地快，这之中甚至包括大范围的行为变化，比如燕尾蝶的食物偏好（Thompson 2013, 65）。汤普森（Thompson 2013）在他近期的权威调查中提到，这种演化速度在来自所有主要的系统发生群组里数以百计的不同物种中得到了证实。

在此我们同意，不能像有些人那样草率地认可达尔文主义的无限小渐进过程有时速度可以加快而混淆视听。但关键的问题是，当出现演化创新时，何为"速度"？我们的观点既能包含长期的可能性——上百万年时间和数十万代，例如先于鸟类和我们而出现的发声学习工具的演化——也包含了短期的可能性——几千年时间和几百或几千代，如一些相对近期的适应性行为，例如西藏人在高海拔、含氧量低的地方存活的能力；在奶牛养殖业中成长的孩子成年后具有消化乳糖的能力（Bersaglieri et al. 2014）；或者我们的核心信念——构建层级性句法结构的这一创新能力。

有些性状之所以能够跳过漫长的基因变化过程，是听从了生物学家林恩·马古利斯（Lynn Margulis）的建议：获得全部的、新的基因的最快方式是吃掉它们。西藏人显然是通过与我们的近亲丹尼索瓦人的联姻而获得了一段调控 DNA，它正是我们的身体对于缺氧状态反应的一部分，因此，西藏人通过基因渗入作用（introgression）吞噬了该基因（Huerta-Sáchez et al. 2014）。人类显然从尼安德特人和丹尼索瓦人中获得了一些重要的适应性性状，如皮肤色素的改变、免疫系统的调整，等等，所以在欧洲存活了下来（Vernot & Akey 2014）。当然，这些基因被吃掉后需要证明它们的选择能力——但这类基因吞噬可以把人从我们之前提到过的引力井中拉出来。

此类通过达尔文式入口的"偷渡"非常重要，对此若有任何疑问，请记住是马古利斯倡导了这个一度受到谴责但如今又被证实了的理论。该理论认为，有机体正是通过这种免费午餐，以吞噬作用的方式吃掉另一个单一细胞，从而获得了现在为我们的细胞供能的、其名字叫作线粒体的细胞器（Margulis 1970）。这或许是马奈《草坪上的午餐》最古老的版本，它发起了演化生物学家约翰·梅纳德·史密斯与埃尔斯·绍特马里（John Maynard Smith & Eörs Szathmáry, 1995）所提出的"演化中的八大重大转变"中的一个。梅纳德和绍特马里强调了一个重要观点，即在这八种覆盖了从 DNA 的起源到性别、再到语言起源的转变中，有六种（其中包括语言）看似都属于只限于单一血统独有的演化事件，有些是以我们在上文所讨论的方式而快速转变的。这里没有任何东西违背了最传统的达尔文主义观点。

因此，确实可能存在突发的基因组／表型转变，正如生物学家尼克·连恩（Nick Lane 2015, 3112）所说，这不过是"转移了选择所作用的起点"。在此，连恩指的是非凡的且显然是一次性的突然转变，从原核生物这样简单的细胞生命——具有环状 DNA、没有细胞核、没有性，并且本质上不会死亡——到吞噬法所形成的复杂生物，包括我们在内的真核生物——具有线性 DNA、线粒体、细胞核、复杂的细胞器，且最终具有性、爱、死亡和语言。对此，连恩说道："千万不能把基因跃变（genetic saltation）与适应相混淆"（2015, 3113）。从地质时间的角度来看，这些变化是迅速的。

以上所说的，都凸显了概率、偶然和生物化学-物理环境在创新性演化改变中的作用——自然选择的演化是盲目的，不以更高的智力或语言作为"目标"。有些事件只发生一次，且似乎不易重复发生——比如具有细胞核与线粒体的细胞的来源、性等。其他一些演化生物学家也认同这一观点。恩斯特·玛丽（Ernst Mary）在与卡尔·萨根（Carl Sagan）的一次著名辩论中就提到过我们的智力本身——以及还暗示了语言——或许也属于这一范畴：

> 高智力极难起源，最好的证明是数百万个物种都没有获得高智力。自生命出现以来已有的物种有数十亿种，也许约有五百亿种之多。它们中只有一个获得了建立文明所需的智力。……对这种稀缺性我只能想到两个可能的原因。第一，与我们的期待相反，高智力根本不受自然选择的青睐。事实上，其他所有的生物，数以百万的物种，没有高智力也生存得很好。高智力稀缺性的另一个可能的原因是它极难以获得……这并不意外，因为大脑有极高的能量需求……一个允许高智商的大脑是在人科谱系最近不足 6% 的时间里发展起来的。看来，产生高智力需要一系列罕见且有利的条件与之相结合。（Mayr 1995）

当然，根据查特吉等（Chatterjee *et al.* 2015）的研究结果，我们现在对于某个性状"极其难以获得"的含义有了更确切的理解：它可能在计算上难以处理，以至难以通过自然选择而获得。

我们再来看另一个快速演化性改变的例子。这个例子很新，而且研究得十分透彻，因此可能看起来更加具体、可信。对自然选择最详尽、持续时间最长的野外实验观察之一是格兰特夫妇（P. R. Grant & B. R. Grant）持续四十年的一项研究，他们在加拉帕戈斯群岛中的大达夫尼岛上追踪了两种达尔文雀的演化，它们分别是中地雀（*Geospiza fortis*）和仙人掌地雀（*G. scandens*）（Grant & Grant 2014）。这是最为脚踏实地的演化分析。格兰特夫妇发现了什么？演化性变化有时与适应度差异有关，但同样地，有时却又无关。因此，适应度差异并不能预知演化结果。选择有时是间断性的，有时是渐进性的。异常事件的出现，如大达夫尼岛上出现的一种名为大鸟（Big Bird）的新雀类物种，导致它与其他既有雀类物种的杂交，并且加速了由外部环境事件而引起的演化性改变。这些野外观察为人们对语言演化的预期提供了证明。如上文中我们提到过的，丹尼索瓦人和尼安德特人的组间杂交在人类的适应性演化中发挥了作用。尽管我们并不意在推测语言也是以这种方式出现的——事实上，如果我们接受来自基因吞噬的证据，这种方式目前反而是能够被明确排除的——然而，我们确实希望能够给读者留下一个印象：演化既适用于快跑者（如兔子），也适用于慢爬者（如乌龟）。

那么，为什么达尔文流派普遍毫无异议地假设自然选择演化是渐进与缓慢的呢？达尔文在随比格尔号军舰（*Beagle*）航行探索期间，吸收了莱尔极具影响力的三卷《地质学原理》（*Principles of Geology*, Lyell, 1830-1833）中的思想以及其中所强调的"均变论"（uniformitarianism）——力量的古今一致性。山脉经过亿万年才慢慢被侵蚀成沙子。达尔文完全吸收了《地质学原理》中的思想，许多语言起源理论家也是如此。他们吸取了达尔文与莱尔的思想，并采纳了强连续论假说：与眼睛和其他任何性状一样，语言一定也是经过"不计其数的、连续的、微小的变化"演化而来的（Darwin 1959, 189）。但严格来讲，的确是这样吗？比如说"连续的"，有一种解读是，所有"连续的"方式即表示演化事件在时间上必须一件接着一件发生。这永远是正确的，因此我们可以把这一限制置之一旁。

这样我们只需讨论"不计其数的"和"微小的"。在《物种起源》刚刚出版后，"达尔文的斗牛犬"赫胥黎便在1859年11月23日给达尔文的信中公开批判了这两个概念："如此毫无保留地采纳'自然无跃进'原则，你让自己背上了一个不必要的困难。"（Huxley 1859）在《物种起源》中，达尔文本人也拿不出一个完整的眼睛渐变演化的理论，他知道只有在感光细胞和色素细胞演化形成一个具有部分感光功能的原型眼后，自然选择才能开始发挥作用。他对感光细胞-色素细胞配对的真正起源没有任何解释，我们也不该指望达尔文能有这样的解释。

现代分子生物学在此为我们提供了新的见解。达尔文提出的原型眼包含两个部分：一个光敏感细胞（一个"神经"）和一个投影感光细胞的色素细胞："在体节动物中，有一个以单纯被色素层包围着的视神经为起点的系列。"（Darwin 1859, 187）但是，达尔文没有找到一种方法来论证这个起点之前的情况。最后，达尔文采取了与解释生命起源同样的选择——降级为随机效应，因此超越了他的理论解释范围："神经怎样对光变得敏感，正如生命本身是怎样起源的一样，不是我们研究的范围；但我可以指出，一些事实使我怀疑任何敏感的神经都有成为光敏感神经的可能。"（Darwin 1859, 187）

仔细考虑可以知道，同样的达尔文难题其实出现在每一个新事物产生的时候。对于眼睛起源，格林（Gehring 2011）提出过一个更为精巧的分析。他跟莫诺（Monod 1970）一样，认为眼睛是概率与必然的共同产物。原型眼需要两个组分：感光细胞和色素细胞。感光细胞的最初形成是一种概率事件；它不是通过自然选择，经历了费力的、尝试性的、渐进式的搜索而获得的：细胞捕捉了光敏感的色素分子，再由 *Pac-6* 基因进行调控。

观察者从外部所能看到的是在很长一段地质时间内生命不具有感光细胞色素，之后，细胞+色素的组合相对迅速地出现——色素要么被捕捉，要么没有。这一切的发生都无须满足"不计其数的"或"微小的变化"。可以确定的是，分子必须通过选择的筛选，并在此后经过微调——但是是在关键事件之后。类似情况下，原型的色素细胞起源于单细胞中无处不在的黑色素以及被捕捉的感光色素。在某个时间点，这个单细胞在细胞分化调控基因的控制下一分为二，又是一个随机性事件。同样，如果"从外部"来观察，人们会看到一个相对长的静态阶段，随后分裂为两个细胞，只可能出现两种情况——要么产生了后代，要么没有。"基于这些考察，我们得出结论，达尔文眼原型是通过细胞分化产生的，*Pax-6* 控制感光细胞，*Mitf* 控制色素细胞。"（Gehring 2011, 1058）

简言之，达尔文的两细胞原型眼的最初起源看起来并没有遵循经典的尝试性选择模式。相反，是两个不同的、随机且突发的事件导致了眼睛的"照相机胶卷"这个关键创新。那么之后呢？尽管眼睛的照相机机身、镜头等以达尔文所描写的方式有了很多改进和显著创新，但胶卷得到的修补却少之又少。演化并不像是抛弃了柯达，转向了拍立得，最终又走向数位存储。最初的两个关键创新既非"不计其数"也不"微小"。[8] 在时间线上，它们就像两个酸痛的拇指那样伸了出去，两个突发的、巨大而迅速的变化，期间几乎没有发生其他任何事情——就像我们人类谱系一样，是一个静态与创新交互的模式，之后我们会再做讨论。

然而，"达尔文原教旨主义者"也许仍坚持认为，所有这些步骤都存在一个祖先链，每一步都具有平缓、渐进的持续性，因此，当代其他物种极有可能共享一部分构成人类语言的性状。在这个框架下，最近有关黑猩猩能够做饭的发现（Warneken & Rosati 2015）甚至也助长了我们的近亲在语言方面也与我们接近的看法。然而，从本章稍早所提到的博恩克塞尔-施莱索斯基等人与弗兰克等的观点中我们可以看到，黑猩猩事实上与我们在语言方面毫不类似，这点我们在第四章中会再次提到。

有人也许会把这种原教旨主义的、均变论的图景称为"微小突变观"。在这一传统的场景中有一种不同的，经常是与之极端对立的观点——常被漫画性地描述为稻草人——即由戈尔德施密特提出的所谓的（而且声名狼藉的）"希望怪兽"（hopeful monster）假说。戈尔德施密特（Goldschmidt 1940）认为，巨大的基因和形态变化，甚至是新物种的出现也仅仅需要一代。由于希望怪兽假说看起来不可能是正确的，因此许多人排除了除微小突变以外其他任何形式的变化的可能性。

然而，这是一个错误的二分法。我们已经看到，有足够的理由相信它在经验上是错误的。很多演化创新都难以符合这种微小突变与希望怪兽之间一刀切的对立——如细胞核、线性DNA，以及语言（见 Lane 2015，我们也持这一观点）。从理论的视角，大约在1930年左右，当现代综合论接近鼎盛时期，微小突变选择就已不再盛行。1930年，现代综合论的三位领导者之一费舍尔出版了他的《自然选择基因论》(Genetical Theory of Natural Selection)，他采用一个简单的数学几何适应模型，同显微镜的对焦做了类比（Fisher 1930, 40-41）。直觉是，如果一个人不断逼近观察一个针尖一样微小的景象，那么只有极其细微的变化能够使我们对焦得更为准确。而对焦轮如果变化很大，则极有可能使我们远离想要观察的区域。这篇文章在直觉上合理且可信，足以说服之后几代的演化生物学者——直到最近。

基于该模型的结果，费舍尔声称所有的适应性演化改变都是微小突变——由无限小的，表型效应近乎为0的变化组成。对此，奥尔（Orr）认为，"这个事实基本上确保了自然选择是演化中创新的唯一来源……因为选择通过一系列连续的、近乎平滑的变化制约了适应，所以突变本身提供的表型形式微乎其微"（强调号为作者所加）。

费舍尔的模型特别指出，极其微小的表型效应的突变有50%的几率得以存活，而任何更大的突变的存活概率都呈指数下降。如果我们采用费舍尔的模型，那么从定义上讲，具有大表型效应的基因不能在适应中发挥作用。如奥尔所提到的：

> 对于费舍尔模型的历史重要性怎么评价都不过分。他的分析单枪匹马地说服了大多演化学者大的表型效应因素在适应中要么不起作用，要么作用微乎其微（参见 Turner 1985; Orr & Coyne 1992）。对文献的回顾也反映出实际上几乎每一位现代综合论的主要学者都会引用费舍尔的模型作为微小突变论的唯一支持（同时参看 Dobzhansky 1937；Huxley 1963；Mayr 1963；Muller 1940；Wright 1948）。霍尔丹（J. B. S. Haldane）看起来是唯一的例外。

实际上，翻阅有关语言演化的著作，似乎每一本都拥护费舍尔的立场——与此同时，自然选择相应地占据了完全主导的地位。菲奇（Fitch 2010, 47）的评论极具代表性，追随"显微镜对焦"的比喻："反对适应性在重大质变中所起作用的核心论据是，我们在自然界所观察到的大突变是破坏了而不是加强了适应性功能。有机体是一个精准微调的系统，生来具有较大的随机变化的个体只有很小的概率能够适应并存活下来。"

拖勒曼（Tallerman 2014, 195）曾表明，她本人与她所引用的两位作者（McMahon & McMahon 2012）都采用了费舍尔的渐变论："麦克马洪和麦克马洪（一位语言学者与一位遗传学者）提到，'生物演化通常是缓慢的、累积性的，而不是激进的、突发的'在针对'引发直接和强烈变化的大突变'时，他们说道，'后者在演化中极不可能。'"

然而，费舍尔是错误的。19世纪八十年代关于适应遗传学的实验成果显示，个体基因在表型中的效应可能大得惊人。有必要再次全文征引奥尔的观点：

> 19世纪八十年代……各种方法不断发展，终于能够在适应性遗传学方面进行严密数据的收集——即运用数量性状位点分析（Quantitative trait locus analysis）。……在数量性状位点分析中，种群或物种之间表型差异的基因基础可以通过一套分子标记来分析。在微生物演化研究中，微生物被引入一个

全新的环境中，准许其对环境进行适应；在此期间，基因和分子工具能够识别适应过程中部分或全部的基因变化。两种方法的实验结果都出人意料：演化通常涉及效应相对较大的基因变化，且至少在某些情况下变化的总数看起来较为适中……[实验结果]还涵盖了几个经典研究，如分析棘鱼的盔甲或盆骨结构的退化，果蝇幼虫茸毛的脱落，以及玉米和沟酸浆属植物新形态的产生。微生物的相关研究进一步反映了适应中发生在早期的基因变化比发生在晚期的更具适应度，且平行适应性演化惊人地普遍。（Orr 2005a，120）

36　　实际上，在奥尔之前，木村（Kimura 1983）已经发现了费舍尔模型中的一个重大缺陷，该缺陷来源于我们上文讨论过的真实生物演化中的随机属性：费舍尔并未准确地将有益突变中可能会出现的随机损失考虑进去。木村指出，具有较大的表型效应的变化不容易丧失。在木村的模型中，中型的突变应该更易达到适应。然而，为了捕捉任何"适应性路程"（adaptive walk）中的一系列步骤，而不只是其中单一的步骤，该模型也需要一些修改（Orr 1998）。如奥尔（Orr 2005a, 122）所说，"费舍尔模型中的适应性因此包含了少数表型效应相对较大的突变以及多数相对小的效应……因此，适应的特点可以归结为递减效应——较大效应的突变通常较早被替代，随之是效应较小的"。人们可以将演化性改变想象成一个弹跳的球，最大程度的弹跳出现在首次，随后是连续的越来越小的弹跳——一个递减序列。这一发现对那些坚持语言演化的第一步是微小突变的观点有着明确的启示。简言之，相对大突变极为罕见这种说法，相反的观点才应该是成立的，且有时确实是成立的。当代的演化理论、实验结果以及田野调查都支持了这一立场——而这并不需要认同戈尔德施密特式的"希望怪兽"假说。事实上，这之间存在一个安全的中间立场。毫无疑问，在任何一个具体的场景中实际发生了什么仍然是一个实证问题；按通常的情况，生物学更像判例法，而不是牛顿物理学。下面我们将要讨论的以及之后在第四章将会提到的线索指明了相对迅速的变化的一个大致方向，它应该发

37　生在大约20万年前解剖学上的现代人类首次出现在非洲，到大约6万年

前他们从非洲大迁徙之间的某个时间段。

我们从现代对达尔文主义以及演化性改变的看法中能够学习到什么？从根本上说，你得到的即是你所付出的，如果你为之买单，你首先应该了解你买了什么——整个包裹及其带来的所有后果。如果你选择了费舍尔模型，那么你必然拥抱微小突变论，并且你已经强制排除了除自然选择以外的其他任何原因作为语言演化的驱动力。正如我们所看到的，你同时失去了能够解释复杂细胞从原核生物中的起源、眼睛的起源以及其他诸多问题的能力。另一方面，如果你不相信费舍尔模型且具有更现代化的眼光，那么你就为更多的可能性敞开了大门。

现在我们回到人类的图景中来，对人科世系原始考古记录的考察是支持非渐进论的场景，而不是渐进论的场景：重复出现的模式是"新技术与新物种的出现（及灭亡）在时间上总是断裂的"（Tattersall 2008, 108）。其中的重点显而易见。根据塔特索尔的观点，当一个新的、形态不同的人科物种出现时，并没有同时产生技术或文化创新。相反，技术或文化的创新通常要远远晚于每个新人科物种的出现——数以成百上千年计。换言之，如塔特索尔（2008, 103）所写的，"技术创新与人科新物种的出现并不相关"。比如说，奥尔德沃文化的石器［第一型石器］约出现于距今250万年。近期发现的更古老一些的工具可追溯到330万年前，发现于肯尼亚的洛迈奎（Harmand et al. 2015）。这些古老的工具保持了约一百万年的时间，直到阿舍利文化的石斧［第二型石器］的出现。然而，正如塔特索尔（2008, 104）所说，这个技术的创新"显著地晚于一个新人科物种的出现，即现在常说的匠人"。施温提·柏保（Svante Pääbo）领导了古DNA的发现以及尼安德特人和丹尼瓦索人基因组的测序，他在最近的一篇综述中也赞同了这种观点："仅在约260万年前，人类祖先才开始制造出考古学家发现后所认定的石头工具。但是即便那样，所造出的不同工具成千上万年以来并没有多少变化。"（Pääbo 2014, 216）

类似的情况是，尽管人科世系出现后脑容量一直在增加，尼安德特人的脑容量平均来说甚至比现代人还大，但他们在行为和物质的改进方面却是滞后的。直到现代人在非洲首次出现，我们才看到了工具以及首次出现没有争议的符号性手工艺品的快速发展与变化，如贝壳装饰，颜料的使用，尤其是约 8 万年前在布隆伯斯洞穴（Blombos Cave）发现的几何图形雕刻（Henshilwood et al. 2002）。柏保也同意这个观点：他曾说，必然有某些东西将我们与尼安德特人区分开来，使得我们这个从未渡过开阔的海域，也从未离开过非洲的物种不断地扩散，在短短几万年间跨越了整个地球。那么这个东西是什么？

跟塔特索尔一样，柏保也强调了尼安德特人缺乏现代符号行为，如具象艺术和其他一些装饰品。这是一条很强的线索（Pääbo 2014b）。显然，我们的祖先在离开非洲前已经具备了"它"，我们跟塔特索尔一样，怀疑这个"它"就是语言。柏保则持有异议。他提出，使我们与众不同的是"我们共享注意力的习性，以及能够向他人学习复杂事物的能力"——在此，他采用了他的同事迈克尔·托马塞洛（Michael Tomasello）的观点，将语言视为文化学习的一个方面（Pääbo 2014b, 3757-3758）。我们觉得他对于语言以及语言获得的认识是错误的。柏保似乎又回到了上世纪博厄斯派（Boasian）人类学主义的观点，在下一章中我们会叙述。

无论如何，我们的祖先从非洲大迁徙的结果是，有一个特殊的人科物种——我们——最终支配了这个世界，吸取了尼安德特人与丹尼索瓦人基因中所有的优势，将剩余的剔除掉——也许这是一个空想的情景，但是，从我们这个物种离开非洲之后的历史来看，这又是一个常见又令人不安的情景。[9]

在诸如火、遮蔽物或具象艺术这样的新工具技术或创新中，我们没有看到任何类型的"渐变主义"。尽管能够有控制地使用火是在大约 100 万年前开始的，那也是在匠人出现整整 50 万年之后了。塔特索尔指出，这种典型的静态后出现创新性跳跃的模式与"扩展适应"（exaptation）这一概念相一致——也就是说，自然选择演化总是利用已有的性状，赋予其新的用途，而无法"预见"某个具体的性状在将来会有什么用处。因此，创新的出现独立于他们最终所被选择的功能。自然选择与筛子一样，给它什么它才能筛选什么。任何创新都必须先通过其他方式创造出来，就像出炉的金砖一样。语言的先行成分在某种意义上一定是已经存在的。那么这些成分是什么呢？

三元模式，发声学习，基因组

任何关于语言起源的论述都必须处理什么是已经演化好了的。在我们的三元框架中，前文概述的三个组成部分自然地解决了这一点：（1）组合性操作合并以及类似词的原子成分大致是人类语言句法的中央处理器（CPU）；两个接口；（2）感知运动系统接口——语言系统中负责外化的部分，包括发声学习和产出；以及（3）用于思维的概念-意向接口。我们在此先聚焦于（2），受感知运动接口所调节的发声学习和产出。

如本章开头所提到的，因为存在如鸣禽这样的动物模式，研究者现在似乎接近于理解发声学习——它显然是一个基因模块化的"输入-输出"顺序加工的组分。如普芬宁等人（Pfenning et al. 2014）所说，由于演化与生物物理的限制，发声学习系统的构建方式可能寥寥无几，因此这个组分在不同的发声学习物种中可能是相对一致的。这并不排除不同的物种有不同调音方式的可能性，比如人类就既可能有听觉和言语系统，也可能有手势和视觉感知系统。

这个"输入-输出"系统的图景与 *FOXP2* 理论是相匹配的。我们的观点是，*FOXP2* 起初是构建组分（2）系统的一部分，即感知运动接口的一部分，主要参与狭义句法的外化——它像与电脑连接的打印机，而不像电脑的中央处理器。在第三章中我们会讨论支持此立场的语言实证证据。但其他证据也存在。近期的一项研究（被注入了人类版 Foxp2 的转基因白鼠研究）显示，人类版 Foxp2 在"调节皮质基底节神经节回路"中发挥了作用，提升了将陈述性获得的肌动技能转换至程序性记忆的能力，如对骑自行车的学习（Schreiweis *et al.* 2014, 14253）。这个发现与外化观点相当一致。这种由陈述性向（无意识的）肌动技能的转化，看起来正是婴儿学习如何用嘴、舌头、唇、声道或手指舞出"精巧的芭蕾舞蹈"的方式，即我们所说的言语或手语。诚如几位学者所指出，许多方面当然仍是未知，因为"这些发现与人类版 Foxp2 在塑造人类大脑的发展，从而使其具有语言和言语获得之类的性状，它们之间的关系仍然是未知的"（Schreiweis *et al.* 2014, 14257）。

至少在我们看来，施雷维斯（Schreiweis）的实验和普芬宁及同事的发现（Pfenning *et al.* 2014）显然证实了语言外化系统中的发声学习与产出部分不是人类独有的。我们和鸟类分离的演化时间长达 6 亿年之久；尽管如此，发声学习的鸣禽（如斑胸草雀、蜂鸟）与人类的专门负责歌唱和语言的区域及其基因组有着惊人的相似之处。相比之下，非发声学习的鸟类（鸡、鹌鹑、鸽）以及非发声的非人类灵长类动物（猕猴）则不具有发声学习者（鸣禽或人类）的这些基因组。

普芬宁等仔细筛查了鸣禽、鹦鹉、蜂鸟、鸽子、鹌鹑、猕猴和人类大脑中成千上万的基因及基因表达谱，试图将基因表达水平的相关性（不论转录水平高或低）与被试物种的大脑已知区域的复杂层级分解相关联。其目的是为了发现与非发声学习者（鸽子、鹌鹑、猕猴）相比，在发声学习者（鸣禽、鹦鹉、蜂鸟、人类）中，无论特定基因在次区域的表达水平高低，它们的次区域在不同物种之间是否相匹配。答案是肯定的：相同的基因组转录谱在发声学习者中可以对齐，而发声学习者与非发声学习者之间则不能对齐。如果我们将基因想象为扩音器中的声音声调控制键，那么这些控制键在发声学习物种中是以相同方式"调音"的，而非发声学习物种的调音则与此不同。

例如，鸣禽与人类在类似的大脑区域具有差不多的轴突导向基因 *SLIT1*（FOXP2 的一个 DNA 靶）的下游调节，即所谓的雀类 RA 区域（弓状皮质栎核）和人类的喉运动皮层。如普芬宁等所指出的，*SLIT1* 的蛋白质产物"与 *ROBO1* 轴突导向受体共同作用，且 *ROBO1* 的突变会导致人类的读写困难（dyslexia）和语言障碍。……*ROBO1* 是发声学习哺乳动物的趋同氨基酸置换的五个候选基因之一"（2014, 2156846-10）。显然，*SLIT1* 基因是确保鸣禽与人类大脑恰当"对接"的生长网络的一部分。

与 *FOXP2* 类似，该方法所发现的许多基因都负责上调或下调 DNA 及其对应的蛋白质产物。但我们仍不清楚它们是如何因果交织在一起。普芬宁（个人通信）计划下一步追踪至少一部分基因。这涉及发现"调控调控者"的 DNA 模体（motif）。这是完全正确的方法，也关系到我们所回顾的演化与演化性改变。自金与威尔森（King & Wilson 1975）开创性的分析以来，我们便了解到，人类与黑猩猩在大分子水平上的相似度高达 99%——大分子即参与生物体的工作生物化学的蛋白质——并且，如果我们将人类与我们的非人类祖先相比，这种相似度甚至会更高。金与威尔森得出了明显且重要的结论：人类与黑猩猩的差异主要存在于调控元件。这个结论的意思是，蛋白质编码基因的变化可能并不是演化活动发生的地方——使我们变成人的演化可能尤其如此，因为这是一个相对新近的事件。

在过去四十年中，金与威尔森的重要观点已无可辩驳地被证实了，其中既包括非编码 DNA 也包括其他调控基因活动的组分，从环绕 DNA 的染色质支架，到在发育中（尤其在脑发育中）调控 DNA 的微小 RNA——也就是所谓的演化发育生物学变革的一部分（Somel, Liu & Khaitovich 2011）。

在此，我们将着重讨论控制 DNA 的基因调控系统的一个因素，即所谓的增强子（enhancers），以及为何这一类调控与演化的相关性较强。（此处由于篇幅有限，我们不再考虑与演化性改变相关的其他基因组区域，如顺式调控元件；参见 Wray, 2007）。一个增强子是一小段 DNA，约有 1,500～2,000 个 DNA 核苷酸（腺嘌呤 Adenine，胸腺嘧啶 Thymine，胞嘧啶 Cytosine，鸟嘌呤 Guanine）那么长，它不能编码功能蛋白质，与 HBB 基因对于血红蛋白 β 珠蛋白的蛋白质链，或 FOXP2 基因对于 FOXP2 蛋白质类似。增强子不编码任何蛋白质——因此它被称为非编码 DNA。

它的功能是什么？增强子位于距蛋白质编码基因起始点一段距离的"下游"或"上游"，也许有百万个 DNA 核苷酸的距离，随后通过"翻转"接触到起始点以及其他引发 DNA 转写所需要的组成部分——一个启动子（promotor），RNA 聚合酶 II 和其他转写因素（也许甚至包含 FOXP2 本身）。一旦所有组成部分都就位后，那么，启动子将会点燃焰火，DNA 转写的机器便开始运转了。

从演化的视角来看，至少有两个原因值得我们关注增强子。首先，它们比蛋白质编码 DNA 更具针对性。蛋白质编码 DNA 可能（通常也确实）在有机体中发挥不止一种作用，在许多不同的组织和细胞中发挥功效，而一个增强子只影响一小段 DNA，因此，它与启动子和转写因素共同被调至一个单一的特殊环境。所以，增强子的突变不易造成非局部的不良反应。增强子是模块性的。这一点非常适合演化性实验——无须过多地担心一台复杂的机器因为夹住了一个扳手而受到破坏。其次，增强子一般只位于 DNA 两条链中的一条（一般与蛋白质编码 DNA 位于同一条链上）。这一点与蛋白质编码 DNA 基因不同，它们可能需要存在于 DNA 的双链上——即所谓的纯合状态（homozygous state），从而能够显露成为表型——如蓝色眼睛的经典案例。这也是第二种演化优势：生物体无须等到 DNA 双链都发生变化之后。最重要的一点是，增强子的演化修补原则上容易得多——人类具有超过 10 万个增强子，它们都挑选特定的基因环境。因此，毫不意外，为了深化对鸟类和人类的发声学习的认识，鸟类研究者在今后的研究中将会以此为首站。最近，促进神经细胞分裂的人类-黑猩猩 DNA 差异首次得到了功能性确认，从而证实了这一思路。下面我们会再作详述（Boyd et al. 2015）。

回到总体的情况，这些结果对发声学习有什么演化性启发呢？普芬宁等人（2014, 1333）总结道："那些从一个共同的祖先分离了数百万年的物种，发声学习具有趋同的神经回路，并伴随着多种基因的趋同性分子变化，这一发现表明了复杂性状的脑回路从祖先的演化方式可能是有限的。"换言之，构建发声学习的"工具包"也许包含了一个（保守的）软件包，具有 100 ~ 200 个基因特化，无论哪种物种都可以快速启动起来——因此可以较为迅速地演化。这符合我们关于语言相对迅速涌现的总体观点，以及我们将输入-输出的外化系统的演化与"中央处理器"，即与人类语言的句法区分开来的方法。

有关人类大脑与语言的演化，现代分子生物学还能告知我们什么？我们在此无法完整叙述这一发展迅速的领域，只能挑选出一些主要观点以及一些广为人知的主要障碍。

首先，由于近期对于古 DNA 的研究，我们可以计算出能够发现多少个基因差异以及什么样的基因差异，进而得知它们是如何与我们和尼安德特人、丹尼索瓦人以及黑猩猩的已知基因差异相联系起来的。至于预期的差异，我们与已经灭绝的人科祖先（如尼安德特人）分离的时间相对较近——50 万至 70 万年前——而现代人约 20 万年前出现于南非，因此，这两个事件之间大约有 40 万年的演化时间。我们可以使用理论种群遗传学的分析工具，包括选择力预估、种群大小，以及 DNA 突变率，用来计算人类种群中预期固定的不同的正向选择基因组区域的数量——它们在现代人中没有产生变异，因此在功能上非常重要，但在非人类物种中则有所不同。据多个来源的估算，10 万~ 20 万年前所谓的有效种群的规模约为 1 万个——与很多其他的哺乳类动物相比，这一数量相对较小（Jobling *et al.* 2014）。选择力（即适应度，用 *s* 来表示）在任何情境下都难以估计，但我们可以运用来自种群选择中近期最强的信号，即乳糖耐受基因 *LCT*（Tishkov *et al.* 2007）而给出 0.10 的上限。这个数值极高。基于这些参数，据一个近期的研究估计，共有大约 700 种有益突变即使在具有强烈的选择优势 s=0.01 的情况下，也仅有 14 种在人类种群中存活且固定了下来（Somel, Liu & Khaitovich 2013）。这种低存活数的原因是我们在上一部分所提到过的"随机重力井"效应，其损失的可能性约为（1–s/2），也就是 700 种的 98%，即 686 种损失，14 种固定了下来。

结果证明，这一理论预估与实际情况相当接近。尼安德特人与丹尼索瓦人的全部基因组顺序表明，在现代人类中分别存在 87 种和 260 种已经固定的功能（氨基酸变化）基因组差异，它们不存在于这两个已经灭绝的物种中（Pääbo 2014a, 补充表 1）。柏保写道，这些差异具有特殊的意义，因为至少从基因组的角度来看，它们凸显了是什么使我们成为人类。从尼安德特人与人类的差异来看，在约 40 亿可能的差异中存在 31,389 种单 DNA 核苷酸差异（单核苷酸多态性，或 SNPS）；125 个 DNA 核苷酸插入或核苷酸删除；3117 个调节区差异（此处取"调节"的特殊定义）；以及 87 个基因中共计 96 个氨基酸差异。（有些基因具有超过一个的氨基酸差异。）这份"差异列表"能够告诉我们什么呢？

在自然选择的筛子中，三万多个 SNP 差异中的许多个甚至是大多数都不起任何作用——它们是中性的。与柏保一致，我们先暂时将三千多个调节区差异也搁置一旁。余下的则是我们与尼安德特人之间的 87 个蛋白质编码差异——差异数量并不多。比如说，我们显然与尼安德特人具有相同的 FOXP2 蛋白质，尽管有证据表明人类种群中有一个 *FOXP2* 调节区尚未稳定，而且它的变体与尼安德特人不尽相同，这点我们会在第四章中进一步讨论。[10] 在那些编码不同蛋白质的基因中，有一些已经确定与语言和认知无关。例如，至少有三个不同的基因与皮肤的形成有关，考虑到人体毛发的脱落和随之而来的皮肤色素的变化，这是符合情理的。

其他一些基因组差异看起来则更有可能是认知演化的参与者。例如，柏保提到过我们有而尼安德特人没有的三种基因变体——*CASC5*、*SPAG5* 和 *KIF18A*。它们参与了所谓的"增殖区"（proliferative zone）的神经细胞分裂，增殖区是干细胞分裂以构建大脑的地方（Pääbo 2014a）。然而，在编写本书的时候，我们并不知道这些基因编码的蛋白质是否真的导致了我们与尼安德特人不同的发育结果或不同的表型——即更大的或不同的大脑，或者更准确地说，在正确的部位更大的大脑，因为尼安德特人的颅容量平均大于我们，尽管这也许是因为他们的脑后部（枕骨部分）更加歪曲。这是我们现在需要克服的主要障碍：找出从基因型通往表型的道路。

脑发育涉及至少一个调控基因的差异——一个存在于我们和其他类人猿之间的差异，尽管不存在于我们和尼安德特人之间（Boyd et al. 2015）。在这个案例中，我们对这个功能性问题已经有了答案。在人科世系的整个历程中，颅容量和脑尺寸是普遍增长的，200万～280万年前的能人，据重新估算，颅容量约为727～846立方厘米，到直立人时，约为850～1110立方厘米，且从那时开始不断扩大。人科世系在此与其他类人猿有了区别。是什么驱动了大脑扩大？如果我们观察人类经历了加速演化的增强子区域，会发现许多增强子位于参与构建我们的大脑的基因附近（Prabhakar et al. 2006; Lindblad-Toh et al. 2011）。博伊德（Boyd）和同事瞄准了将人类与黑猩猩区分开的增强子之一，*HARE5*，并用人类或黑猩猩的 *HARE5* 构建了转基因老鼠。不同的老鼠是否展现出了不同的颅增长呢？答案是肯定的：与普通老鼠或具有黑猩猩 *HARE5* 的老鼠相比，具有人类增强子的老鼠的脑尺寸大约增长了12%，这显然是由于神经祖细胞的细胞分裂率的快速增长。如前所述，*HARE5* 增强子与启动子区域的一个关键基因串联工作，该基因参与新皮层发育途径，即 *FZD8*。该研究指明了一条道路——尽管费力——用实验验证尼安德特人与人类的差异列表中的87个基因的表型效应。但是我们需要了解的不止这些。即使我们已知 *HARE5* 促进脑增长，我们仍需知道脑增长与我们所称的语言的认知表型是如何相联系的。

那么三千多个调控区差异如何？索梅尔（Somel）和同事发现，"越来越多的证据表明，人类的脑发育是通过人类与尼安德特人分离之后与现代人类出现之间的短时间内的几个基因事件而彻底重塑的"（Somel, Liu & Khaitovich 2013, 119）。他们挑选出了我们与尼安德特人的一个特别的差异：出现在一个突触生长的调控基因上游的调控 DNA 片段，即 *MEF2A*（肌细胞增强因子-2）。他们将此称为"人类大脑皮质扩展的突触发育的潜在转录调控因子"——它是人类发育的一个标志性特征，即儿童期延长（Somel, Liu & Khaitovich 2013, 119）。然而，对于一小片段 DNA 来说，这似乎是一个沉重的解释负担。

从我们与黑猩猩最后的共同祖先直到今天，与头骨形态和神经生长相关的其他新基因和调控元件一直不断积累，当然这也是人科世系所共有的。比如，已知 *SRGAP2* 基因在人类皮质发育与神经元成熟中发挥一定的作用。它在向我们的世系发展中复制了三次，其中一次复制大约出现在人科世系刚出现的时间，约 200 万～ 350 万年前（Jobling *et al.* 2014, 274）。类似的基因复制在演化创新中起到非常重要的作用，因为它允许其中的一个复制品"自由活动"并承担新的功能（Ohno 1970）。见本章注释 9。

重点是什么？也许一个困难的问题是尼安德特人是否具有语言。我们与尼安德特人和丹尼索瓦人的基因组差异非常小，因此有些研究者认为尼安德特人具有语言。对此我们持怀疑态度。我们并不了解"基本特性"的基因组或神经基础。实际上，判断解剖学上的现代人类在 8 万年前是否具有语言也不太可能，我们能够判断的只是语言行为的符号性特征。与塔特索尔（Tattersall 2010）一致，我们也指出了能够证明尼安德特人具有符号行为的实质性证据少之又少。相反，约 8 万年前出现在南非的解剖学意义上的现代人类则表现出了明显的符号行为标志，并且出现在他们向欧洲迁徙之前。第四章会再讨论这个问题。

我们的普遍问题是，对于神经"湿件"（即大脑）内最基本的计算操作是如何进行的知之甚少。例如，兰迪·加利斯泰尔（Randy Gallistel）多次强调，计算机科学家们首先想了解的便是计算机如何写入和读取内存——这是图灵机模型的基本操作，最终也是所有计算装置的基本操作。但我们其实并不清楚计算最基础的元素在大脑中是如何执行的（Gallisted & King 2009）。比如，关于执行语言层级结构加工的常见提议之一是将其视为一种循环神经网络,在模拟"下推栈"时具有指数性衰减(Pulvermüller 2002)。可惜,生物能学的计算表明这很可能是错误的。加利斯泰尔发现,每个动作电位或"脉冲"(spike)都需要 7×10^8 腺嘌呤核苷三磷酸(ATP)分子的水解(hydrolosis)(活细胞分子的基本"电池"储存量)。加利斯泰尔估算,假设每次操作需要一个脉冲,每秒钟需要大约 10^{14} 脉冲才能达到所需的数据加工能力。不过,我们的确会花很多时间去思考,去读像本书这样的书,充满热血激情,但不太可能达到这个程度。类似的问题困扰着每一种基于神经脉冲序列的方法,包括动力状态方法,而这些困难似乎经常被忽视了(细节请参看 Gallistel & King 2009)。仿照语言认知科学中以人名命名关键问题的时髦做法(如"柏拉图问题","达尔文问题"),我们将此命名为"加利斯泰尔问题"。第四章我们会在计算与合并的背景下详细讨论"加利斯泰尔问题"。

约 50 年前,马文·明斯基(Marvin Minsky)在他 1967 年的《计算:有限与无限的机器》(*Computation: Finite and Infinite Machines*)一书中用几乎相同的话提出了"加利斯泰尔问题",突出了进展的微小:"可惜的是,关于信息是如何在神经系统中存储的,比如它们是如何学习的,我们仍没有确定的认识,甚至没有一个普遍被接受的理论……有一种理论提出短期记忆是'动态的'——以电磁波在闭合的神经元链上反弹的形式而储存。……近期,许多出版物中提出,记忆的存储与遗传信息类似,是以核酸链的形式出现的,但是我没有看到这些理论哪一个被制订出来并可以合理地解释写入和读取的机制。"(Minsky 1967, 66)就我们的理解而言,明斯基的话如今仍是正确的,加利斯泰尔问题仍然未能解决。埃尔斯·绍特马里写道:"语言学今天所处的阶段是遗传学在孟德尔之后的阶段。已经有了(句子产出的)规则,但我们仍不知道规则背后的机制(神经网络)是什么。"(1996, 764)他说的没错。

无论我们多么想知道是什么使我们成为人,以及语言在基因上是如何出现的,但令人不安的是,科学家们并未发现任何确凿的证据表明智人最初作为一个物种出现的时候，自然选择做过正向的"选择性清除"工作。这也许是由于我们对于过去的人口历史知识不够完善所带来的不可避免的事实，也可能是由于选择性清除的相对稀少；库普（Coop）与普热沃斯基（Przeworski）认为，演化也许仅仅利用种群中已经存在的变异（Jobling 2014, 204）。[11] 无论如何，正像他们接着所说的那样，对于如语言这样的性状的遗传学分析是"现阶段人类演化遗传学的核心挑战"（Jobling 2014, 204）。对此我们完全赞同。

第二章

生物语言学的演化

在讨论语言之前,尤其是在生物学的背景下,我们需要首先明确"语言"这个术语的含义,这曾经造成诸多混淆。有时,语言是指人类语言;有时,它又指任何符号系统或交际、表征方式,比如有人会说到蜜蜂的语言,或编程语言,或星辰之语,等等。在这里,我们将沿用第一种含义即人类语言——生物世界的一个特定客体。基于这样的理解,语言研究因此也被称为"生物语言学"视角。

在有关语言的诸多谜题中,有两个最为突出:第一,为什么存在语言,以及为何它明显是人类世系独有的——即演化生物学家称为的"独征"(autapomorphy)?第二,为什么有这么多种语言?这实际上也正是达尔文及其他演化学者们一直以来思考的关于起源与变异的基本问题,它们构成了现代生物学需要解释的核心:为什么我们在世界中只观察到了这一种特殊的生命形态,而没有其他?从这一角度出发,尽管语言具有很多看似抽象的细节,像我们常常观察到的那样,但语言科学仍处在现代生物学的传统范围之内。

根据古人类学家与考古学家们所接受的一个相当普遍的共识,这些问题从演化时间上来看是近期的。约20万年前,第一个问题还没有出现,因为当时还不存在语言。而约6万年前,这两个问题已经有了答案:我们的祖先从非洲开始迁徙,分布到整个世界,据目前所知,语言官能本质上并未改变——在如此短的一段时间内,这并不意外。虽然具体的日期目前仍未确定，但这对我们来说并不那么重要。总体图景大致是准确的。更重要的是，如果将一位出生在亚马逊石器时代部落的婴儿带到波士顿，那么他的语言及其他认知功能与出生于波士顿、其祖先可追溯至第一代英国殖民者的儿童不会有什么区别；反之亦然。我们这个物种的语言能力在世界范围内的这种一致——即"语言官能"——强烈地表明了解剖学上的现代人类中的该性状出现在我们的祖先离开非洲并分布于全世界范围之前，这一事实艾瑞克·雷纳博格已经提到过了（Eric Lenneberg 1967, 261）。据我们所知，除去病理异常，语言官能在人类种群中始终是统一的。[1]

再者，据所能查到的最早历史记载，人类语言的基本参数属性是相对固定的，只在规定的范围内变化。没有任何一种语言使用"计数"（counting）的方式构句，比如说，没有语言会在构成被动句 The apple was eaten（苹果被吃掉了）时把一个特殊的标记词放置于句子中第三个位置，这与近期的脑成像研究结果一致（Musso *et al.* 2003）。与任何计算机语言不同的是，人类语言允许"异位"（displacement）的可能性，即短语在一处获得发音，却在另一处获得释义，比如句子 What did John guess（约翰猜到了什么），这也是由于合并而得到的一种特性。所有人类语言都是从一个固定的、有限的清单中，一个发声动作的基础集合中选择不同的方式，例如，声带是否震动，以及是否区分"b"与"p"，但并不是所有语言都区分"b"与"p"。简言之，语言可以选择不同的"菜单选项"，但是菜单本身的内容是不变的。运用直接的动力系统模型来恰当地模拟诸如此类的语言变化是可能的，比如尼约吉和贝里克（Niyogi & Berwick 2009）便借此展示了英语从与德语类似的动词尾语序发展转变成为现代的形式，但是这一类的语言变化本质上绝不能与语言演化相混淆。

因此，我们关注的是一个好奇的生物客体，即语言，它出现在世界上的时间距今相当晚近。它是人类的一个物种属性，是一种共有的天赋，除去严重病理的情况，不会有重大的变异，它与有机界中已知的其他任何事物在本质上都有所不同，而且自语言出现以来，便理所当然地占据人类生活的核心位置。它是现代演化论的共同创始人阿尔弗雷德·拉塞尔·华莱士（Alfred Russel Wallace 1871, 334）所说的"人类智力与道德本性"的核心组分：人类进行创造性想象，通常的语言和象征，对自然现象的记录和解读，精细的社会实践等类似的能力，这一复合体有时被简单地称作"人类能力"（human capacity）。这种复合体似乎于近期在东非的一个小群体内定型了，我们都是这一个小群体的后代，这种复合体将现代人与其他动物明显地区分开来，对整个生物世界具有重大意义。一个普遍且合理的假设是：语言的出现是这一突然且巨大的转变的核心元素。此外，语言还是人类能力的一个组分，能够被深入地研究。这也是为何纯粹的"语言学"研究即使表面与生物学分离，但实际也符合生物语言学的特点，并且属于生物语言学领域的另一原因。

从生物语言学的视角来看，本质上我们可以将语言视为一个"身体器官"，与视觉系统、消化系统或免疫系统有些许类似。与它们一样的是，语言也是这个具有足够的内部完整性的复杂有机体的一个子组分，因此把它从与有机体生命的其他系统的复杂交互中抽象出来研究是有意义的。从这种意义上来说，它是一个认知器官，与规划系统、解释系统、思维系统以及任何能够宽泛地"被称为心智的"这一范围内的其他方面类似，用18世纪科学家及哲学家约瑟夫·普瑞斯特利（Joseph Priestley）的话来说，它们可以统一归结为"大脑的器官结构"（1775, xx）。与17世纪科学革命的核心假设相悖，牛顿证明了世界不是一个机器，尽管牛顿本人对此深感沮丧和怀疑。普瑞斯特利的这个结论是继此之后对这一自然结论的再次阐述——而这个结论实际上消除了传统的心身问题，因为已经不存在一个合乎逻辑的、身体的（物质的，自然的）概念了，这一问题于18和19世纪已普遍被人们理解。我们可以把语言视为一种心智器官，此处"心智"这一术语指的是世界的某些方面，它的研究方法实则与化学、光学、电学及其他方面一致，均以达到最终的统一为目标——值得一提的是，在其他领域，这种统一过去通常是通过完全出乎意料的方式达成的，还原论并不是必要的方式。

如本章开头所提到的，关于语言这个好奇的心智器官，产生了两个公认的问题。第一，为什么存在语言，而且是人类所独有的？第二，为什么有不止一种语言？事实上，为何语言有着丰富的数量与多样性，用50多年前著名的理论语言学家马丁·朱斯的表述（Martin Joos 1957, 96）来说，以至于"语言之间的差异似乎没有限制且难以预测"，因此研究每种语言都应该以"脱离任何已经存在的语言应该是什么样的图式"这一方法来进行。朱斯总结了当时盛行的具有统治力的"博厄斯传统"，由于这种思想可以追溯至现代人类学和人类语言学的创始人之一弗朗茨·博厄斯的著作，因此他合理地将其称之为"博厄斯传统"。20世纪五十年代，美国结构语言学的奠基之作，赛林格·哈里斯的《结构主义语言学的方法》（Zellig Harris 1951）问世，它被称为"方法"实则非常准确，因为该书除了涉及将千变万化的语言中的数据归结为组织形式的方法以外，并没有关于语言的其他什么内容。欧洲结构主义基本也是如此。尼古拉·特鲁别茨柯（Nikolai Trubetzkoy 1969）对于音系分析的经典导论在构思上也是类似。普遍来说，结构主义探究的关注点几乎都在于音系及形态，不同语言之间正是在这些方面差异广泛且方式复杂，这也是一个引起更广泛兴趣的问题，我们在之后会再提到。

相同时期的普通生物学的主导情况也是如此，这一点在分子生物学家冈瑟·斯滕特（Gunther Stent 1984, 570）的评论中能够体现出来，他认为有机体的变异性如此之自由，以至于可以构成"近乎无穷多的特定个体，应当将每个个体逐一分类"。

事实上，关于平衡兼顾一致性及多样性的问题一直存在于普通生物学与语言学中。17世纪科学革命时期的语言研究主要区分了普遍语法与特定语法，尽管并不完全是当代生物语言学方法意义上的区分。普遍语法被认为是该学科的知识核心，而特定语法则是普遍系统的偶然实现。随着人类语言学的蓬勃发展，摆钟摆向了另一个方向，走向了多样化，这一点在我们引用的博厄斯思想中有明确阐述。在普通生物学领域，这一问题是在 1830 年博物学家乔治·居维叶（Georges Cuvier）与杰弗里·圣·希莱尔（Geoffroy St. Hilaire）之间的一场著名辩论中被鲜明地提出的。居维叶的立场是强调多样性，这一观点尤其是在达尔文革命后尤为盛行，结论是变体"近乎无穷"，每个个体应被逐一分类。也许生物学界最常引用的便是达尔文《物种起源》结尾的评论，"无数最美丽、最美好的形式均由最简单的开端演化而来，且仍在演化之中"（Darwin 1859, 490）。这句话被演化生物学家肖恩·卡罗尔（Sean Carroll 2005）引用为他的"演化发育（evo-devo, evolution and development）的新科学"的导论部分题目，旨在说明演化的形式远非无数，事实上它们是非常一致的。

　　对于有机体表层多样性与其底层明显的一致性的协调——为何我们只关注世界上这一群生命而非其他，正如为何我们只关注这一类语言／语法而非其他？——这涉及三个因素的相互作用。生物学家莫诺在他的《危险与必要》(*Le hazard et la nécessité*)（Monod 1970）一书中做过著名阐述，它们分别是：第一，作为历史偶然的一个事实，我们是某个单一生命树的共同后裔，因此与其他所有生命体都拥有同一个祖先。生命空间包含的可能的生物结果是极其巨大的，而生命体探究的只是其中微小的一部分。如今，对于我们拥有共同的基因，生化途径以及许多其他的共同点，应该已不足为奇。

　　第二，世界上存在物理化学的限制，这些不可避免的规律限制了生物的可能性，比如，由于对一个旋转物体提供神经控制和血液供给存在物理性的困难，所以靠轮子行走是近乎不可能的。

　　第三，自然选择具有筛选效应，历史的偶然性和物理化学限制提供了一份可能性菜单，自然选择从这个已经存在的菜单中进行筛选，得到了我们在周边世界观察到的一系列真实存在的有机体。值得一提的是，受限的菜单选项的作用是极为重要的；如果选项极为有限，那么选择也就几乎没有什么能选的了：比如有人走进了快餐店，我们通常会看到他拿着汉堡和薯条离开，这一点也不意外。如达尔文（1859, 7）所说的，自然选择绝不是塑造自然世界的"唯一"方法："此外，我坚信，自然选择是微调的主要手段（变异的主要途径），但不是唯一手段。"

近期的发现使达西·汤普森（D'Arcy Thompson [1917] 1942）与艾伦·图灵（Alan Turing）的普遍理论（即限制有机体多样性原则）得以复兴。用沃德罗的话来说（Wardlaw 1953, 43），真正的生物科学应该将每个"有生命的有机体视为物理和化学的普遍法则能够适用的一种特殊系统"，普遍法则严格地限制了其可能的多样性，并确定了其基本属性。如今，在发现了主控基因、深度同源与守恒以及其他许多成果之后，这种看法似乎显得不那么极端了，甚至可以说，演化／发育过程的限制是如此狭窄，以至于"假如重播生命蛋白质的磁带，其重复率也许惊人地高"。此处我们引用的是普尔韦克（Poelwijk 2007, 113）等关于可行的突变路径的报告，也是对斯蒂芬·古尔德著名思想的重新诠释，他认为，生命的磁带如果能够重播，它也许会遵循种种途径。迈克尔·林奇（Michael Lynch 2007, 67）进一步提出："几十年前我们已经知道，所有的真核细胞生物在转写、翻译、复制、养分摄取、新陈代谢、细胞骨架结构等方面具有大多相同的基因。为什么我们期待其发育有所不同呢？"

在对演化发育生物学方法的回顾中，盖德·穆勒（Gerd Müller 2007, 947）提到，我们现在对于图灵斑图模型（Turing-type patterning models）的理解更加具体了，他指出：

> 一般形式……来源于基础的细胞特性与不同的斑图形成机制之间的互动。差速贴壁和细胞极性在受到不同种的物理和化学斑图机制的调节时，会形成标准的组织模体。……差速贴壁特性及其在细胞表面上的极性分布在与扩散梯度结合时会形成空腔球体，在与沉积梯度结合时则会产生内陷球体……差速贴壁与反应–扩散机制的结合会生成径向周期性结构，而与化学振动的结合

会形成连续周期性结构。早期的后生动物的身体结构就是对这种通用斑图库的一种利用。

比如，我们有五个手指和五个脚趾，这一偶发事实可以通过手指与脚趾的发育过程得到更好的解释，而不是说五根指头在数量对于它们的功能来说是最优的。[2]

生物化学家迈克尔·谢尔曼（Michael Sherman 2007, 1873）多少有些争议地争辩道，"对各种后生动物门来说必要的那些编码所有主要发育进程的普遍基因组，在寒武纪时期的不久前开始出现于单细胞生物或原生的多细胞生物中"，这大约发生在 5 亿年前，当时复杂的动物形式突然爆炸式地大幅增长。谢尔曼（Sherman 2007, 1875）还进一步声称，许多"后生动物门，它们具有相似的基因组，却仍存在显著的差异，这起因于它们所使用的特定的发育进程组合"。根据这一观点，从足够抽象的视角——也许一位来自火星的科学家，以具有更先进文明的视角来观察地球上的事情，那么也许仅存在一种多细胞生物。表面的多样性一定程度上来自于一个演化中保存下来的（如人们有时称之为）"发育-遗传工具包"中的不同排列。如果这样的观点被证实是正确的，那么，关于一致性及多样性的问题将会得到重新表述，这种表述方式将使近几代科学家感到不可思议。这一保存下来的工具包在多大程度上能够成为表面多样性的唯一解释仍有待商榷。如前所述，我们所观察到的一致性之所以出现，部分是因为没有足够的时间，并且偶然的血统祖先阻碍了对基因-蛋白质-形态空间进行"过多"探索的可能性——尤其是考虑到"倒退回去"并为了更大的成功而重新开始探索在现实中是不可能的。由于这些固有的限制，有机体是根据一系列确定的建筑蓝图来构造的也变得不那么令人意外了，正如史蒂芬·古尔德及其他学者所强调的那样。在这种意义上，如果高深的火星科学家来到地球，他们很可能实际上只看到一种生物体，尽管他们具有显而易见的表层多样性。

62 一致性在达尔文时代并没有被忽视。达尔文密切的合作者兼评注者托马斯·赫胥黎的自然主义研究使达尔文发现似乎存在一种"微调的预设界线",因而对于每个物种来说,自然选择只能"产生有限的变体数量与种类",这使他略感困惑(Maynard Smith *et al.* 1985, 266)。实际上,有关可能的变异的来源和本质的研究占据了达尔文《物种起源》之后研究的很大一部分,这一点在他的《动物与植物在家养下的变异》(1868)中也有总结。赫胥黎的结论使人回想起了早期"理性形态"观点,其中一个著名的例子是歌德理论中植物的典型形态理论,这一思想在"演化发育生物学革命"中得以部分复兴。事实上,如前所述,达尔文本人对此问题也十分敏感,作为一位如此伟大的综合论者他在处理"生长与形式的法则"(laws of growth and form)时更为谨慎:变异的限制和条件取决于以下因素——发育过程中的细节,可能被选择接受也可能被其拒绝的与其他特征的偶然结合,最终还有对性状本身的选择。达尔文(1859, 12)提到,"关联和平衡"(correlation and balance)的法则对于他的理论来说至关重要,例如他谈道,"蓝色眼睛的猫一定是失聪的"。

如第一章所述,费舍尔、霍尔丹和怀特共同开创的演化"现代综合论"在上世纪后半叶的大部分时间内占据统治地位,该演化理论的重点集中于微小突变事件和渐变论,单独突出了通过微小而渐进步骤实现的自然选择的力量。不过最近,普通生物学领域的摆钟偏向了莫诺提出的三因素结合,这为理解传统观点提供了新的途径。

63 现在,让我们回到两个基本问题中的第一个:为什么会产生语言,且语言显然是一种"独征"?如前所述,从演化时间来看,不久前这个问题还未产生:当时还没有语言。当然,那时存在许多动物交际系统,但它们在结构和功能上都与人类语言有着根本性的不同。人类语言甚至不符合动物交际系统的标准类型——例如马克·豪泽在他关于交际演化的一篇综述性文章中的观点(Marc Hauser 1997)。一种常规的观点是将语言视为功能是交际的系统。这也的确是诸多语言的选择理论中一个广为流传的观点,那些理论通常都是以这样的理解起步。即便这种描述方式在一定程度上有一定的意义,然而它似乎是错误的,相关原因我们会在下文阐述。

从表层形式推断一个生物性状的"作用"或"功能"通常困难重重。莱旺廷在《三螺旋理论》(Lewontin, *The Triple Helix* 2001, 79)中阐述道,即使是起初看起来非常简单的情况,要想确定一个器官或性状的单一功能也何其困难:骨头不具有单一的、明确的"功能"。虽然骨头的确可以支撑身体,使我们能够站立和行走,但它们同时也是钙和骨髓的储藏室,骨髓产生新的红细胞,因此骨头在某种意义上也是循环系统的一部分。

骨头的这种情况也同样适用于人类语言。此外,如伯林(Burling 1993, 25)等所表述的,有另一种传统观点认为人类也可能还拥有一个次要的交际系统,这种交际系统与其他灵长类动物的类似,即包括手势甚至呼喊在内的非言语系统。但这并不是语言,伯林也提到,"目前存活的灵长类的交际系统与语言有着显著的差别"。[3]

语言当然可以用于交际,就像我们所做的其他任何方面也可以用于交际,比如服饰风格、手势等等;它也可以并且经常被用于其他功能。从统计上来说,无论如何,语言压倒性的使用方面是内在的,即用于思维。在每一个清醒时刻克制自己不与自己交谈需要付出极大的意志力,甚至在熟睡时也是如此,这往往是一种相当大的烦扰。著名神经学家哈里·杰里森(Harry Jerison 1973, 55)表达了一种更强式的观点,他认为,"语言并不是作为一种交际系统而演化。……语言最初的演化很有可能是……为了一个真实世界的建构",作为一种"思维的工具"。人类语言的核心特征与动物交际系统差别极大,不仅仅是功能维度,还有其他所有方面——语义、句法、形态和音系,它在生物世界中是独特的。

那么,这个奇特的客体是如何在一个看上去非常狭小的演化窗口内出现在生物记录之中的呢?诚然,关于这个问题没有确定的答案,但是,对一些合理的推测进行概述是完全有可能的,这与近年来在生物语言学框架下进行的研究紧密相连。

解剖学意义上的现代人类发现于几十万年前的化石记录中，但有关人类能力的证据则晚得多，约在我们的祖先长途跋涉离开非洲前不久。古人类学家伊恩·塔特索尔（Ian Tattersall 1998, 59）报告说，在有任何证据表明我们的祖先开始使用语言之前的五十多万年，"能够产出言语声音的声道"就已经出现。他写道，"我们可以得出定论，语言的出现及其与解剖学的相关不是由自然选择驱使的，无论事后看来这些创新多么有益"——与时下文献中所塑造的情形恰恰相反的是，这一结论并不会为标准的演化生物学带来任何问题。看起来人类的大脑尺寸在近期（约 10 万年前）达到了目前的水平，对于一些专家来说，这说明了"人类语言的演化很有可能或者至少部分是由于大脑的绝对尺寸增长的自发且适应的结果"（Striedter 2004, 10）。在第一章中我们曾提到了一部分导致大脑尺寸增长的基因组差异，在第四章我们将会讨论另一部分。

关于语言，塔特索尔写道，"在一段很长的——且我们知之甚少的人类世系不规则的大脑扩张与重组时期，发生了一些事情，从而为语言习得铺平了道路。这个创新依靠涌现，通过现有元素的偶然结合产生了完全出乎意料的东西"，可能是"一个神经元的突变……出现在人类世系的部分种群中……它在遗传上相当微小，很可能与适应没有任何关联"，尽管它带来了优势，且之后被迅速繁殖。也许如施特里特（Striedter）的观点，它是大脑的绝对尺寸增长到一定程度的自发结果，或者，它也许是由于小的偶然突变。一段时间后——在演化时间上并不长——出现了另一些新的创新，也许是由文化驱动的，从而导致了行为学意义上的现代人类的产生、人类能力的定型，并致使我们的祖先离开非洲，开启了长途跋涉的迁徙（Tattersall 1998, 2002, 2006）。

出现在一些小的组群中，遗传上相当微小的神经元突变到底是什么呢？回答这个问题时，我们需要考虑语言的特性。我们所共有的语言能力的最基本特性是它使我们能够构建和解释无限的、离散的层级结构化的表达式：离散性是指存在五个单词或六个单词的句子，但不存在五个半单词的句子；无限性是指不存在一个最长的句子。因此，语言基于一个递归性的生成程序，它从一个我们称之为词库的储存库中提取类似词的基础元素，并重复应用以生成结构化表达，没有界限。为了解释语言官能的出现——因此也包含至少一种语言的出现——我们必须面对两个基本任务。首先，我们需要解释"计算原子"，即词项——其数量通常在 3 万至 5 万的范围内。再者，我们还需要揭示语言官能的计算特性，这项任务又进一步包括了几个方面：我们必须找出在心智中构建无限多的表达式的生成程序，以及这些内部心智客体与语言外部（但在生物体内部）系统的两个接口的连接方式：一方面是思维系统，另一方面是感知运动系统，它们能使内部计算与思维得以外化——总之，如第一章所述，共三个组分。这也是对传统概念进行重新表述的一种方式，至少早在亚里士多德时期，语言被认为是一种有意义的声音。所有这些任务实际上都引发了非常严重的问题，远远超出我们过去或今天所认为的。

现在，让我们回到语言的基本要素，首先它是一个生成程序，它看来大约出现于 8 万年前的某个时刻，从演化时间上来看几乎是一眨眼的时间，据推测它很可能涉及一些微小的大脑重新布线。在这一点上生物学的演化发育革命发挥了价值，它为两个相关结论提供了有力的证据。第一，遗传天赋，甚至包括对调控系统来说，都是高度守恒的。第二，极其微小的突变能够造成观察结果上的巨大差异——尽管由于遗传系统的高度守恒性，以及汤普森和图灵感兴趣的那一类自然法则的约束，表型的变异是有限的。在此，我们引用一个简单又为人熟知的例子：有两种刺鱼，一种腹部有尖刺，另一种则没有。大约在 1 万年前左右，一个涉及刺的产生的基因附近的"基因开关"发生了突变，区分了两种不同的变体：一种有刺，一种无刺；一种适应生活在海水，另一种适应生活在湖水中（Colosimo *et al.* 2004, 2005; Orr 2005a）。

许多影响更为深远的结果与眼睛的演化有关，这是一个研究详尽的话题，我们在第一章中也曾详细讨论过。结果证明，眼睛类型非常有限的原因部分是由于光的物理学特性所施加的限制，部分是由于只有一类蛋白质，即视蛋白分子能够执行必要的功能，并且，导致它们够被细胞"捕捉"的这一事件本质上显然是随机的。编码视蛋白的基因起源非常早，并且被重复地利用，但也是由于物理限制，其方式非常有限。眼球晶状体蛋白也是如此。如我们在第一章中提到的，眼睛的演化展现了在可能狭窄的物理渠道中进行选择时物理法则、随机过程以及选择作用的复杂交互效应。

雅各布和莫诺 1961 年发现了大肠杆菌的操纵子（operon）这一成果使他们荣获了诺贝尔奖，从而引发了莫诺的著名引文（转引自 Jacob 1982, 290）："说对了大肠杆菌，就说对了大象。"虽然这句话有时被解读为预言了现代演化发育生物学的理论，但看起来莫诺的实际意思是他与弗朗索瓦·雅各布（François Jacob）的广义负调控理论应该能够解释基因调控中的所有情况。这很可能有些过度泛化了。事实上，有时负反馈是远远不够的，因为一个单一基因可以被负调控或被自动调控。并且，我们现在已经进一步了解到还存在一些其他的调控机制。现代演化发育生物学革命的确主要是为了发现真核生物所运用的基因调控和发育的更复杂方法。尽管如此，莫诺的基本观点仍被证实是正确的，他认为激活基因的调控机制在时间和排列上的微小不同可能会造成巨大的差异，虽然其中的机制是当时未曾预见到的。之后，基于"由于复杂的调节回路"，"蝴蝶与狮子、鸡与苍蝇之间的差异其实是……由改变生物体调节回路的突变所导致，而不是因其化学结构本身"这一观点，雅各布（Jacob 1977, 26）提出了一个富有启发性的模型。雅各布的模型为语言的"原则与参数"（P&P）理论提供了直接的灵感，在不久之后的演讲中我也讲到过这一点（Chomsky 1980, 67）。

P&P 模型基于如下假设：语言包含一系列固定的、不变的原则，它们与一个参数的开关盒相连，儿童一般必须从他们接触到的有限的语言变体中，根据展现给他们的语料来设定一种语言——换一种说法，也许如查尔斯·杨（Charles Yang）所争辩的那样，从参数设定的学习程序中来确定语言的概率分布。例如，儿童需要确定他所接触的语言是否为"中心词居首",如英语的实词性成分位于其宾语之前,即 read books,还是"中心词居尾",如日语中所对应的形式是 hon-o yomimasu,即 books read。与调控机制重组的情况有些类似,P&P 理论为理解语言本质上的一致性是如何产生表层无限的多样性提供了一个理论框架,而一般认为多样性出现于不久前(普遍对于生物有机体来说)。

P&P 框架下的研究成果丰硕,使我们对于范围广泛的不同类型的语言产生了新的理解,提出了以前从未考虑过的问题,有时也提供了答案。毫不夸张地讲,过去 25 年中我们对于语言的了解比早前的一千年以来对语言的认真研究所了解到的还多。针对我们起初提出的两个突出问题,该理论提出,演化上突然涌现的是生成程序,它提供了一系列的原则,而多样性的产生是由于原则并没有确定有关语言所有问题的答案,而是将一些问题作为开放的参数这一事实。需要注意的是,上述这一简单的示例与顺序有关。尽管这一问题有争议,但现在似乎有大量实质性的语言证据表明顺序只与从内部计算向感知运动系统的外化相关,在核心句法与语义中不起任何作用,越来越多的生物学证据也阐明了这一点,主流生物学家们也熟知这类证据。下面我们会再回到这一点。

最简单的假设是,生成程序是由于微小的突变而突然出现的,因为这一假设是最简的,因此这也是我们采用的假设,除非出现反面证据。在这种情况下,我们可以预计生成程序是非常简单的。在过去 50 年中,人们探索了各种不同种类的生成程序。其中有一种是语言学家和计算机科学家都非常熟悉的,即短语结构语法,它产生于 20 世纪五十年代,并从那时起开始被广泛应用。在那时,这个方法是有意义的。它自然地适用于递归程序的数学理论中的等效公式之一——即埃米尔·波斯特(Emil Post)的改写系统——它捕捉了语言的至少一部分基本特性,如层级结构和内嵌。尽管如此,我们很快便意识到短语结构语法不仅对语言来说不够充分,而且是一个包含许多任意规定的复杂程序,但并不是我们想要找的那种系统,当然也不大可能是短时间内能够出现的。

这些年来，许多研究找到了一些降低这些系统的复杂性方式，且最终完全消除了这个系统，取而代之的是最简的、可能的递归生成模式：这一操作选取两个已经构建好的客体，权且称之为 X 和 Y，将它们构成一个包含 X 和 Y 在内的新客体，其中 X 和 Y 并没有改变，因此它只是一个 X 和 Y 作为其成员的集合。我们将这一优化操作称为合并。它已经拥有了词库中的概念原子，通过合并操作无限地重复应用，能够形成无限数位的层级结构化的表达式。如果这些表达式能够在概念系统的接口得到系统的诠释，这便提供了一个内部的"思维语言"。

有一种非常强式的命题，名为强式最简命题（SMT），认为生成程序是优化的：语言的原则由有效计算确定，语言只做最简单的递归性操作，而这些操作旨在满足接口条件的同时遵循有效计算这样的独立原则。在这种意义上，语言与雪花类似：一旦其有了构建的基本模式，并且满足了接口施加的任何条件，即可通过自然法则获得其特定的形式。对语言而言，该自然法则是计算效率原则。一本技术性论文集的标题表达了这一基本论点："接口 + 递归 = 语言？"（Sauerland & Gärtner 2007）理想情况下，递归可以归结为合并。题目中的问号当然是合适的：问题出现在当今研究的边缘处。下面我们提出，两个接口之间有显著的不对称性，其中"语义-语用"接口——它连接思维与行动系统，位于首位。关于外部条件会有多丰富也是一个严肃的研究问题，并且较为困难，因为关于思维-行动系统独立于语言的证据非常少。沃尔夫勒姆·惠森（Wolfram Hinzen 2006）提出了一个强式的命题，他认为，思维的中心组分（命题）基本是由优化构建的生成程序派生的。如果这个观点能够得以变得更清楚并被证实的话，那么语义-语用接口对于语言设计的效应便会相应地削弱。

强式最简命题还远远没有被公众认可，但它看起来的确比几年前更加可信。只要它是正确的，那么语言的演化可以归结为合并的出现，词库中概念原子的演化，与概念系统的连接，以及外化模式。任何不能归并为合并与优化计算的语言原则的冗余部分都必须由其他一些演化过程来解释——至少就目前理解的方法来看,如莱旺廷(Lewontin 1998)所言,这是我们不太可能深入了解的。

值得一提的是,在这个全景中不存在任何语言的初期形式,比如一个与语言类似的、只有短句的系统。假设类系统的存在是没有任何道理的:从七词的短句到人类语言的离散无限性所需的递归程序的出现,与从零到无限所需的递归程序是完全一样的,并且也不存在任何关于这种"原型语言"存在的直接证据。关于语言获得方面,类似的观察结果同样适用,尽管其表象并非如此,有关这个问题,我们暂不过多讨论。

非常关键的一点是,合并能够直接产生人们熟知的语言中的易位性,无须其他规定:易位性即短语在某一处获得发音,但却在另一处获得释义。因此,在句子 *Guess what John is eating*(猜猜约翰在吃什么)中,我们把 *what* 理解为 *eat* 的宾语,与句子 *John is eating an apple* 类似,尽管 *what* 在其他地方获得发音。这一特性看起来是矛盾的,是语言的一种"不完美"。它绝非是捕捉语义事实所必要的,但它却普遍存在。它超出了短语结构语法所能解释的范围,需要通过其他附加装置使其更加复杂化。但它却自发地属于强式最简命题的涵盖范畴。

下面我们来一探究竟。假设合并操作构建了 *John is eating what* 相对应的心智表达式,并已有句法客体 X 与 Y,合并只能通过两种逻辑上可能的方式构建更大的表达式:X 与 Y 或不相交(disjoint),或一者是另一者的一部分。前一种情况我们称之为外部合并(External Merge, EM),后者我们称之为内部合并(Internal Merge, IM)。如果 Y= *what* 所对应的表达式,X= *John is eating what* 所对应的表达式,那么 Y 是 X 的一部分(X 的一个子集,或者 X 的一个子集的子集,等等),那么,内部合并能够从表达式内部增加一些东西,合并的产出是 *what John is eating what* 所对应的更大的结构。在推导的下一步中,假设 Y= 一些新的成分(比如说 *guess*),那么 X=*what John is eating what*,Y=*guess*,X 与 Y 是不相交的。

因此，运用外部合并，我们得到了 guess what John is eating what。

这使我们离理解易位性更进了一步。在 what John is eating what 中，短语 what 出现在两个位置，事实上语义解读需要这两个位置：原始位置提供了 what 被理解为 eat 的直接宾语的信息，而新的位置，即句子边缘的位置，被解读为一个量词，其辖域内有一个变量，因此该表达式的意思类似于"对于某个东西 x，约翰正在吃 x。"

这些观察结果可以类推到的结构范围非常广泛，结果正是语义解读所需要的，但产生的并不是英语中获得发音的客体。人们不说 guess what John is eating what，而是说 guess what John is eating，what 生成的原始位置受到了压制。这是易位性的一个普遍特征，它存在一些微小（却有趣）的限制，在此我们权且忽略不计。这一特性是由于计算效率这一基本原则产生的。事实上，我们经常提到连续的肌动运动在计算上是不经济的，这一点已经分别通过用于手部的肌动控制与口面部发声动作的运动皮质的绝对数量得到了证实。

74　　将 what John is eating what 这一内部生成的表达式外化，what 需要获得两次发音，这将给计算带来极大的负担，尤其是考虑到表达式的常规复杂度与内部合并所产生的易位性的真正本质。仅保留一个 what 而压制其他所有 what 的出现（occurences），计算负担将会大大减轻。获得发音的出现是最凸显的那一个，也就是内部合并所创造的最后一个成分，否则，将没有迹象能够表明我们所应用的操作能够得到正确的释义。那么，看来语言官能在外化过程中运用了计算效率这个普遍原则。

压制所有易位成分而只保留其中一个的出现在计算上是高效的，但却给解读带来了较大的负担，因此也给交流造成了一定的困难。听话者听到句子后，需要首先找到易位成分应该获得释义的空缺位置。总体上，这是一个非常重要的问题，在句法分析程序中也是为人熟知的。那么，计算效率与解读-交际效率之间便存在着冲突。为解决这一冲突，语言普遍优先选择计算效率。这类事实也表明了语言是作为内部的思维工具而演化的，外化则作为次要过程。从语言设计的角度，也存在大量证据能得出相似的结论：比如所谓的孤岛特征。

外化作为次要过程这一结论，有其独立的原因。首先，外化不依赖于模态，正如通过对手语的研究所了解到的。手语和口语的结构特征极其相似。此外，两者的语言获得遵循同样的过程，神经定位看起来也非常相似。这进一步强化了以下结论：语言对于思维系统是优化的，而外化模式则是次要的。

另外值得一提的是，听觉模态下的外化限制同样也适用于手语的视觉模态。尽管没有物理限制阻碍人们用一只手"说"*John likes ice cream*（约翰喜欢冰淇淋）的同时，用另一只手表达 *Mary likes beer*（玛丽喜欢啤酒），然而，似乎一只手总是占据主导位置，把句子（通过手势）按照时间上从左到右的顺序传达出来，使其像声道的外化过程那样得以线性化，而另一只非主导手主要为强调、形态等方面增添标记。

事实上，提出一个更强式的观点是有可能的：所有近期相关的生物和演化研究都能够得出外化过程是次要的这一结论。这其中包括一个近期备受瞩目的公认与语言相关的基因成分的发现，具体来说，就是 *FOXP2* 调控（转录因子）基因的发现。*FOXP2* 是在一种高度遗传的语言缺陷，即所谓语言阅读障碍（verbal dyspraxia）中发现的。在此之后，人们从演化的视角对 *FOXP2* 进行了详尽研究。我们了解到人类 *FOXP2* 编码的蛋白质与其他灵长类动物以及非人哺乳动物存在两个小的氨基酸差异。*FOXP2* 中这一对应的改变被认为是近期正向自然选择的目标，也许还伴随着语言涌现（Fisher *et al*. 1998; Enard *et al*. 2002）。人类、尼安德特人以及丹尼索瓦人的 *FOXP2* 看起来是一样的，至少在原本被认为是正向选择的两个区域是一致的，这有可能会告诉我们一些有关语言起源的时间信息，或者至少是语言出现的基因组前提（Krause *et al*. 2007）。但是，这一结论仍然存在不少争议，如我们在第一章和第四章中所讨论的那样。

我们或许会问，这个基因是否在语言中起到核心作用？或者说，现在我们看来更合理的一种说法是，它是次要的外化过程的一部分。过去几年有关鸟类与老鼠的研究成果指向了一个"正在逐步形成的共识"：这个转录因子基因并不属于内部句法蓝图，即不属于狭义语言官能的一部分，当然也更不会是什么虚构的"语言基因"（正如也不存在决定眼睛颜色或自闭症的单一基因），而是与外化相关的调控机制的一部分（Vargha-Khadem *et al.* 2005; Groszer *et al.* 2008）。*FOXP2* 有助于对连续精密运动的控制的发育，如口面部运动或其他运动：例如在一个又一个时间点上，将"声音"或"手势"置于应有的位置的能力。

在这一方面值得一提的是 KE 家族的成员，起初这一基因缺陷就是从 KE 家族中分离出的，他们表现出了普遍的肌动障碍，这种障碍不仅仅局限于口面部的活动。为了复制 KE 家族中发现的这种缺陷，近期研究构建了变异的 *FOXP2* 基因，并植入小鼠体内，结果证明了这一观点："我们发现，Foxp2-R552H 杂合的老鼠在学习快速的运动技能时展现出了不易察觉但却高度显著的缺陷。……这些数据与以下观点一致，即人类言语官能利用了应用于肌动学习的、演化上比较古老的神经回路。"（Groszer *et al.* 2008, 359）

在第一章中，我们回顾了近期来自转基因老鼠研究的证据，表明与 *FOXP2* 有关的改变了的神经发育可能参与了从陈述性知识到程序性记忆的转化（Schreiweis *et al.* 2014）。这与肌动序列学习（motor serialization-learning）的观点一致，但这仍不仅仅局限于人类语言。如果该观点是正确的，那么 *FOXP2* 则更像是辅助计算机正常运转的输入-输出系统的构建蓝图，与打印机类似，而不属于中央处理器本身的构建。从这个角度，受到影响的 KE 家族成员的问题在于外化系统，即"打印机"出了一些差错，而不是中央语言官能的问题。如果这是正确的，那么，那些表明这个转录因子约在 10 万～20 万年前由正向选择而演化出来的分析，事实上对于语言官能的核心组分，即句法以及向"语义"（概念-意义）接口的映射的演化情况是不具有说服力的。想要确定它们的因果顺序是很困难的：*FOXP2* 与高级序列肌动协调之间的连接可以被视为外化所必需的基质，而无论外化的模态是什么，正如在演化场景中常见的那样；或者它也可能在被视为合并出现后由于有效的外化"解决办法"的选择压力而带来的结果。无论是哪种情况，*FOXP2* 都是核心句法/语义之外的系统的一部分。

有关发声中的序列协调，迈克尔·科恩（Michale Coen 2006；个人通讯）提供了进一步的证据，表明离散化的序列肌动控制也可能是所有哺乳动物共有的基质，或者可能是所有脊椎动物共有的基质。如果确实如此，那么整个 *FOXP2* 的图景，以及普遍的肌动外化，则将进一步从核心句法/语义的演化图景中排除。这一证据来自于一项发现，所有检测的哺乳动物（人类、狗、猫、海豹、鲸鱼、狒狒、猕猴、老鼠）以及不属于同一科的脊椎动物（乌鸦、雀类、蛙类等等）都具有我们以前认为只属于人类外化系统的东西：这些不同物种中每一个物种所发出的所有声音都由一个有限集合的区别性"音位"构成（说得更准确一些，鸣禽的鸣叫由"鸣位"（songeme）构成，狗吠由"吠位"（barkemes）构成，等等）。科恩的假说是，每一个物种都具有有限数量的发声产出（比如音位），这是由于生理所施加的遗传限制所致，以及基于发声过程中的能量最小化、物理限制等原则。这与肯尼思·史蒂文斯（Kenneth Stevens）所提出的言语产出的量子本质的图景类似（Stevens 1972，1989）。

在这一观点下，任何已知物种都会使用该物种独有的原始声音的子集来生成该物种所共有的发声过程。（每个动物都使用所有的声音是不大可能的，同样没有人能使用所有的音位。）如果这是正确的，那么我们假设的火星科学家将会做出以下结论：即使是在边缘的外化层次，也只存在一种人类语言，一种狗的语言，一种青蛙语言，等等。如第一章所述，科恩的主张至少由康茗斯和根特纳（Comins & Gentner 2015）在一种鸣禽物种中得到了实验证明。

综上所述，现有的一系列证据表明，*FOXP2* 并不能解答核心的人类语言官能问题。从解释的视角来看，这与镰状细胞贫血的情况不同，镰状细胞贫血是由于基因缺陷直接导致异常性状的出现，即异常血红蛋白的形成，从而导致红细胞变形。如果这些都是正确的，那么对于核心语言表型的解释甚至可能比莱旺廷（Lewontin 1998）所描述的更不直接和困难。[4]

事实上，对于 *FOXP2* 和运动障碍的这一关注与近乎普遍的对于"语言作为交流系统"的关注在许多方面是相似的。[5] 两者都只是试图考察明显属于外化过程的特性，根据我们的推测，外化不属于核心的人类语言官能部分。从这个意义来说，这两种努力的方向都是错误的，不可能揭示心智／大脑的内部计算。通过强调内部句法与外化的区别，可以展开许多新的研究方向，也可以提出一些新的、具体的、可测试的预测，尤其从生物学的角度（如动物的发声产出情况所展现的那样）。

回到语言的核心原则，即无限合并操作——以及易位性——也许是通过大脑的微小重新布线而直接形成的，也许只是现有的脑皮层"线路"的一个微小延伸，在第四章中我们会进一步讨论。这类改变与雷默斯和费舍尔（Ramus & Fisher 2009: 865）所提倡的观点非常接近：

> 即使［语言］在认知意义上是全新的产物，从生物角度可能并非如此。例如，某个单一基因中的变异产生了信号分子［或接收子（receptor）、渠道（channel）等］，可以导致两个已有的大脑区域之间创造出新的连接。甚至一个全新的大脑区域的演化也相对简单，只需一个微调的转录因子在新区域形成前在大脑皮层上对该区域进行定义，调整推动先前存在的区域，并创建布洛德曼（Brodmann）意义上的脑皮层的新形式分子条件：依然是基础的那六层，但具有不同的相对重要性，不同的内部与外部的连接模式，以及各种类型的神经元在层间的不同分布。本质上，这是一个一般建构计划中的一个新的数量变异，所需的新遗传物质很少，但是这一区域仍然可以呈现出新的输入／输出特性，加上适当的输入和输出连接，它们也许能够共同执行对语言非常重要的全新的信息处理功能。

我们在第一章讨论过，创新性的性状通常会首先出现在少量的拷贝中。具有该性状的个体拥有许多优势,如复杂思维、规划、释义等能力。这些能力很可能会部分传递给后代,且由于它所赋予的选择优势,也许逐渐会主导一个小的繁殖群组。但是,回顾一下第一章所提到的一个限制,对于所有新的突变或新性状来说,总是存在这样一个问题:这一变体起初少量的拷贝如何才能避免随机损失,尽管它们具有选择性优势。

随着这一有益性状在种群中的扩散,外化随之也具有优势,因此,这种能力作为一种次要过程与感知运动系统相连接,实现了外化与互动,其中包括交际这一特例。可以说任何人类演化的理论都至少需要做出这些假设,只是形式可能不尽相同。任何额外的假设都需要证据和论据,这不是很容易就能做到的。

许多其他理论的确基于"语言作为交际系统"这一观点,提出了额外的假设,并且正如我们所看到的那样,很可能是与外化相关。在一项调查中,萨马多与绍特马里(Számado & Szathmary 2006)列举了一系列他们认为解释人类语言出现的其他主要理论,包括:(1)语言作为闲谈;(2)语言作为社会修饰行为;(3)语言作为打猎合作的自然产物;(4)语言作为"儿向语言"(motherese)的结果;(5)性选择;(6)语言作为交换地位信息的需求;(7)语言作为歌唱;(8)语言作为工具制作的要求或结果;(9)语言作为手势系统的自然产物;(10)语言作为马基雅维利式的欺骗手段;以及最后一个,(11)语言作为"内部的心智工具"。

值得一提的是,只有最后一个理论——语言作为内部的心智工具,没有明示或暗示语言的首要功能是外部交际。假设语言的首要功能是外部交际,那就会导致一种适应性悖论,而如果是这样的话,那么动物的信号就应该足够了(华莱士指出过同样的问题)。萨马多与绍特马里(Számado & Szathmary 2006)提到:"大多理论都认为,不存在一种选择力会在某种特定的语境下刺激传统交际的使用,而不是'传统的'动物信号的使用。……因此,没有任何理论能够令人信服地表明存在需要更复杂的符号交际手段,而不是现有的更简单的交际系统的情况。"他们还提到,将语言作为心智工具的理论不存在这种缺陷。但是，与该领域内其他学者一样，他们并没有做出明确的推论，而是保持了对外化与交际的关注。

有关内部语言首要性的提议与哈里·杰里森的观点类似，他认为语言是一种"内部工具"（我们之前已经提到过）——不少杰出的演化生物学家也持此观点。在 1974 年举办的一次生物语言学国际会议上，作为这一观点最有力的提倡者，诺贝尔奖获得者萨尔瓦多·卢里亚（Salvador Luria 1974）声称，交际需求难以提供"任何巨大的选择压力从而能够产生像语言这样的系统"，尤其是鉴于语言与"抽象和创造性思维发展"的重要关系。弗朗索瓦·雅各布（François Jacob 1982, 58）也接受同样的观点，他表明，"语言作为个体间交际系统的作用仅仅是次要的。……使语言独特的性质似乎并不在于能够传达行动指令的作用"，也不在于其他与动物交际共有的特点，而在于"它的符号化作用和激活认知图式的作用"塑造我们对于现实的概念，并产生思维与规划的能力，通过它独有的准许"符号的无限结合"的特性，以及由此产生的"可能世界的心智构造"。这些观点可以追溯至 17 世纪的认知革命，并且在很多方面都是 20 世纪五十年代以来的发展的预兆。

然而，我们并不仅仅是推测。对语言设计的探究能够为语言与感知运动系统和思维系统的关系提供证据。如前所述，我们认为有越来越多的证据支持这一自然结论，即这种关系是不对称的，就像易位性这一关键案例所展现的那样。

外化并不是一项简单的任务。它需要连接两个极为不同的系统：一个是成千上万年以来基本原封不动的感知运动系统；第二个是新出现的思维的计算系统，如果强式最简命题是正确的话，那么这个新系统则是完美的。因此，我们可以预计，形态与音系——将内部句法客体转化为可以进入感知运动系统的实体的语言过程——也许实际上是复杂的、多样的，且受到偶然历史事件的影响。那么，参数化与多样性则大都——也可能完全——局限于外化。这基本正是我们所发现的：一个计算系统高效地生成在语义/语用接口可读的表达式，其多样性来自于复杂且高度不同的外化模式，而且它们极易受历史变化的影响。[6]

如果这一图景大体上是正确的，对于本章开头所提出的两个基本问题中的第二个问题，我们也许已经有了答案：为什么有如此多种语言？原因也许是，无论是在原始种群分布于各地之前或之后，外化的问题都能够通过多种不同且独立的方式得以解决。我们没有理由假设解决外化问题需要演化性改变——即基因组改变。这可能只是一个现有的认知过程以不同的方式以及在不同的时间设法解决的问题。然而，人们有时却将真正的演化性（基因组）改变与历史变化相混淆，这是一种不幸的趋势，它们是两个完全不同的现象。如前所述，强有力的证据表明自约六万年前的非洲大迁徙以来，语言官能没有经过任何相关的演化，尽管毫无疑问发生过大量的变化，甚至包括外化模式的发明创造（比如手语）。为了解决这类混淆问题，我们可以将"语言演化"和"语言变化"这类隐喻性概念替换为对应得更准确的概念：利用语言有机体的演化和语言方式的变化。运用这些更准确的术语，那么语言官能的出现涉及演化，而历史变化（一直在持续进行着）则不涉及演化。

我们需要再度重申，这看起来是最简单的假设，且不存在任何已知的原因来反驳它们。如果这些大体上是正确的话，那么也就是说外化可能根本没有发生过演化；相反，它可能是一个使用现有的、其他动物也具备的认知能力来解决问题的过程。在生物学意义上，演化这一术语则仅限于产生合并与基本特性的那些变化，任何强式最简命题所不能解释的剩余部分，以及外化的认知问题解决方法中可能存在的具体语言的限制。因此，任何聚焦于交际、感知运动系统，或口语的统计特性，以及类似方面的"语言演化"的理论，都很可能是严重的误导。熟悉文献的人会知道，这一评判涵盖的范围很广。

回到起初两个突出的问题上来，我们至少已经有了一些建议，并且我们认为是合理的——关于至少一种语言是如何出现的，以及为什么语言之间的差异看起来如此之大——后者也许部分是一种假象，类似于有机体表面无限的多样性，它们基于高度保守的元素，其现象性的结果受自然法则的约束（以语言为例，受计算效率法则的约束）。

其他因素可能也会强烈地影响语言设计——值得一提的是大脑的特性，如今仍然未知。此间提到的问题，我们还有许多话要说。但与其继续讨论这些问题，倒不如暂时转向作为思维概念原子的词项这类问题及其最终多样的外化方式上来。

概念结构也存在于其他灵长类动物中：很可能包括施事-动作-目标图式、范畴化，也许还包括单复数的区分，等等。这些很可能是为语言所用的，但人类语言使用中的概念资源要丰富得多。具体来讲，计算的"原子"，词项/概念，似乎都是人类独有的。

关键的一点是，即使是人类语言和思维中最简单的单词或概念，也缺少与独立于心智的实体的联系，而与实体的联系恰恰是动物交际系统所具有的特点。用认知神经科学家兰迪·加里斯泰尔（Randy Gallistel 1990, 1-2）为一本关于动物认知的重要论文集作导读时的话来说，动物交际系统是基于一种心智/大脑过程与"一种使得这些过程适应于动物行为的环境因素"之间的一一对应的关系。简·古道尔是黑猩猩在野生环境下最近距离的观察者，根据她的报告（Jane Goodall 1986, 125），对于黑猩猩来说，"在缺少合适的情绪状态时发出声音几乎是一项不可能的任务"。

而人类的语言和思维符号则完全不同，它们的使用不会自动地与情绪状态相关，也不会挑选出独立于心智的外部世界中的物体或事件。在人类语言与思维中，似乎不存在弗雷格、皮尔士（Peirce）、塔斯基（Tarski）、奎因（Quine），以及语言与心智的当代哲学意义上的"指称"关系。我们所理解的河流、人、树木、水，等等，均被证实是17世纪的研究者们称之为人类"察觉力"的创造，它为我们从内部视角指称外部世界提供了丰富的手段。富有影响力的新柏拉图主义者拉夫·卡德沃斯（Ralph Cudworth 1731, 267）认为，只有通过"内部察觉力"所产生的"内部理念",心智才能够"知道并理解所有外部个体事物",他所阐明的这一观点对康德也有一定影响力。由察觉力所构建的思维客体,如大卫·休谟(David Hume)在总结一个世纪的研究时所说的那样,不能归结为所谈事物的一个"特有性质"。在这方面,内部概念符号与语音单位的心智表征类似,比如音节 [ba];将这一心智客体外化的这一特定行为会产生一个独立于心智的实体,但寻找与该音节对应的、独立于心智的构念则是毫无意义的。交际并不关乎于产出一些使听话者可以从世界中挑选出的外在于心智的实体,就像物理学家那样。相反,交际大体上属于一种事件,在这一事件中,说话者产出外部事件,听话者试图尽其所能与他们的内部资源相匹配。词与概念在这一方面看起来较为相似,即使是最简单的形式也是如此。交际依赖于共有的察觉力,它之所以能够成功,是由于共有的心智构念、背景、关切、预设,等等,从而能够(或多或少地)达成共同的视角。词项的这些特点似乎是人类语言和思维所独有的,且必须在其演化研究中做出解释。然而,关于如何来进行,没有人给出任何办法。由于强大的指称主义学说的掌控,甚至连存在这类问题的事实几乎都还没有人意识到,该学说认为,存在"词-客体"的对应关系,这里的客体是心智外部的。

人类的察觉力赋予我们一个经验世界,与其他动物的经验世界有所不同。作为有思想的生物,多亏人类能力的出现,人类才能够尽力去理解经验。这些努力被称为神话、宗教、魔法、哲学,或用现代英语的说法,被称为科学。对于科学来说,指称这一概念从技术意义上讲是一种标准的理想化:我们希望发明的概念(如光量子或动词短语)能够在世界中挑选出真实的物体。当然,指称这一概念在它所产生的现代逻辑学背景下是合适的:在形式系统中,指称关系是规定好的,如数词与其所指称的数字之间的关系是成立的。但是人类语言与思维似乎并不以这样的方式运转,由于未能意识到这一事实,造成了无数的误解。

我们进入了一个非常庞大且有趣的课题中,但现在不得不将其暂时搁置一旁，而简要地总结一下目前有关语言与思维的一致性及多样性的最佳猜想。我们的祖先发展了人类的概念，但以何种方式我们全然不知。在距今非常近的过去某个时间点（如果我们以相关的符号指标来判断的话，大约是在8万年前的某个时候），东非人科的一个小组群中的个体经历了一个微小的生物突变，从而具备了"合并"操作——一项将人类概念作为计算原子并产生结构化表达式的操作，生成的结构化表达式由概念系统进行系统地解读，提供了丰富的思维语言。这些过程也许在计算上是完美的，或近乎完美，因此它是独立于人类的物理法则作用的结果。这一创新具有明显的优势，随后遍布这一个小的组群。在之后的某个阶段，内部的思维语言被连接至感知-运动系统，这是一项复杂的任务，可以通过不同方式在不同的时间得到解决。在这些事件中，人类能力逐渐定型，用华莱士的话来说，产生了我们的"道德性与智性"的很大一部分。其结果看起来是高度多样化的，但也具有基本的一致性，反映了人类在根本方面具有一致性这一事实，正如我们之前假想的外星人科学家将会总结的那样，人类只有一种语言，它具有一些微小的方言变体，这种差异主要（也许是全部）在于外化模式的差异。

总而言之，我想重申一点，即使这一总体图景大体上可行且能弥补巨大的空缺，它仍然无法解决上百年来尚未解决的问题，其中包括在18世纪的理论构想中"被称为心智"的特征如何与"大脑的有机体结构"相关联，以及有关语言创造性的、日常使用中连贯性的其他更多谜题（也是笛卡尔科学所关注的中心问题）。这些问题甚至到目前仍极少出现在探究的视野中。

第三章
语言结构体系及其对演化的重要意义

显然,只有在理解其本质的情况下,我们才能对某些系统的演化进行理性探究。同样显而易见的是,如果对某些系统的根本性质没有进行认真的了解,那么它的表现看起来就会显得混乱,变化多端,缺乏普遍特性。因此,对于其演化的研究也难以认真进行。当然,这类探究也必须尽可能地忠实于演化史的已知成果。这些常理不仅适用于其他生物系统的研究,也适用于人类语言官能的研究。我们可以通过对这些基本约束的遵守程度来评估文献中提出的观点。

20世纪中叶,当人们首度致力于将语言视为一种存在于个体内部的生物客体,并建构语言理论时,有关语言演化的问题便出现了。那时,语言被认为能够捕捉我们所说的人类语言的基本特性:每种语言都能够产生数字上无限的层级结构化表达式,它们在与两个其他内部系统的接口处获得系统的诠释,这两个内部系统分别是负责外化的感知-运动系统和负责推理、释义、规划、组织行动以及其他被通俗称作"思维"成分的概念系统。采用这些准则的普遍理论如今被称为生物语言学方案。

在这套术语中,语言可以被称为内化语言,或 I-语言(I-language)。由于语言的基本特性,用伟大的印欧语系学家威廉·德怀特·惠特尼(William Dwight Whitney, 1908, 3)一个世纪之前的话来说,每种 I-语言都是一个"思维的听觉符号"的系统——尽管现在我们已经了解到,外化并不仅限于发音-听觉模态。

根据定义，关于某种 I-语言的理论即是该语言的生成语法，而 I-语言的普遍理论即是普遍语法（UG），此处我们将传统的概念运用到了新的语境中。普遍语法是语言官能的遗传组分的理论，是使人类能够获得和使用某种特定的 I-语言的能力。普遍语法决定了满足语言基本特性的生成程序的类别，以及进入计算的原子性成分。

原子性成分引发了深奥的谜团。它们是人类语言中承载意义的最小的成分——与词类似，但又不是词——与动物交际系统中任何已知的成分都大相径庭。它们的起源是完全模糊不清的，这给人类认知能力的演化，尤其是语言的演化带来了一个非常严重的问题。有关此类话题的相关见解可追溯至前苏格拉底时期，在早期现代科学革命和启蒙运动时期时，这一问题由一些著名的哲学家得到进一步推进，在近期也有一定发展，但仍然没有得到充分的探索。事实上，这一严重的问题甚至没有被充分地认识和理解。仔细研究则发现，一些被广泛接受的关于这些组分的本质的言论都是站不住脚的：尤其是普遍接受的指称主义学说认为词挑选心智外部的客体。对于这些非常重要的问题，虽然有很多要说，但我们先将其置之一旁——但是，我们还要再次指出，它给人类认知能力的演化带来了严重的问题，甚至远比公认的还要严重得多。

普遍语法的第二个成分，即生成程序的理论，自 20 世纪中叶以来一直都是能够经得起考验的，这是前所未有的。那时，歌德尔（Gödel）、图灵（Turing）、丘奇（Church）等人的成果已经建立起了计算的普遍理论，打下了坚实的基础，在对生成语法研究所涉及的内容有一个较为清楚的理解下，使得从事生成语法的研究成为了可能。构成内化语言的生成程序必须满足一定的经验条件：至少有部分是可习得的，并且显然还涉及习得与使用内化语言的能力。

我们首先转向可习得性，显然，内化语言的习得是基于（1）普遍语法的遗传限制和（2）独立于语言的原则。语言能力与其他认知能力是完全分离的，这一点已得到充分证实，雷纳伯格（Lenneberg 1967）在五十年前已发现并讨论过这一点，从那时起他的结论便一直被扩展和延伸（见 Curtiss 2012 的综述）。基于这一事实，以及对语言特性的细致研究，我们预计，第二个因素也许实质上是由独立于有机体的原则组成，而不是其他认知过程。对于如内化语言这样的一个计算系统，这些原则很有可能包括计算效率，它隶属于自然法则的范畴。关于可习得性的研究必须直面的一个事实是，儿童快速习得的内容远远超出他们所能接触到的语言证据，这是生物系统发育的一个一般特性。

至于演化，我们首先要清楚的一点是究竟什么发生了演化。当然，并不是语言本身发生了演化，而是语言能力——也就是普遍语法。语言会变化，但不会演化。假设语言经历了生物以及非生物演化（詹姆斯·赫福德的术语）是毫无帮助的。后者根本不属于演化。了解这些限制条件后，我们将沿用"语言演化"这一传统的术语，我们也意识到它可能、并且有时的确会造成误导。

关于语言演化的一个看起来非常确定的事实是，自我们的祖先离开非洲以来，6 万年间（或者更长）语言并没有经历演化。在语言能力方面，或者说，如雷纳伯格（Lenneberg 1967）所指出的以及我们在前两章中提到过的，在普遍意义上的认知能力方面并未发现组群差异。我们想要指出的另一个事实是，在此不久前，语言也许根本没有出现，尽管对这一情况我们没有那么确定。现在，我们可以做出一个合理的推测，语言——更精确地来讲，普遍语法——出现于非常狭窄的一段演化时间上的某一个时间点上，大约是 8 万年前左右，并且自此没有经历过演化。在有关语言演化的一些新兴文献中，这一推测被称作"反达尔文派"(anti-Darwinian)，或被认为是反对演化论，但是这种批评是基于对现代生物学的严重误解而形成的，这点我们在第一章和第四章中都有详细讨论。

除了这两个事实——其中一个非常确定，而另一个也较为可信——现有记录能够告知我们的少之又少，我们对于普遍意义上复杂的人类认知能力也同样知之甚少。那么，研究语言演化的基础实则非常薄弱。然而，这也提供了一种启发：演化所产生的，即普遍语法，其核心部分一定是非常简单的。如果这是正确的，那么语言表面的复杂性和多样性则一定来源于共有能力演化之后所发生的一些变化，并且很有可能位于该系统的边缘组分，并且可能根本没有发生过演化。之后我们会再回到这个问题。我们也可以预计，如前所述，科学领域中所表现出的表面复杂性和多样性通常仅仅反映了缺乏有深度的理解。这是一个普遍现象。

自20世纪中叶我们首度开始致力于构建生成语法时，很快便发现我们对语言的了解极少，甚至包括那些已经被详细研究过的语言。此外，这些详细的研究揭示了语言的一些特性，其中许多特性反映出了一些重要的谜题，其中有些至今仍未解决，以及伴随着一些新的谜题不断被发现。

那时，为了捕捉语言的经验现象和其表面多样性，将复杂性归因于普遍语法看起来似乎是必然的。然而我们一直都明白这不太可能是正确的。普遍语法必须满足可演化性的条件，我们所假设的它的特点越复杂，之后对其演化的解释负担就越大——这是一个非常沉重的负担，如与语言演化相关的一些事实已经表明的那样。

由于这些原因，以及理性探究的普遍考量，关于内化语言和普遍语法的研究从起初就在寻求降低关于其本质和多样性的假设的复杂度。在此我们不再回顾在此方向已经取得的坚实进步，尤其是20世纪八十年代初，"原则与参数"框架的定型提供了一种解释语言获得问题的方法，它没有那些看起来无望的障碍，并且还开辟了一条能够大大扩展可用的实证材料的道路，使研究在一个先前难以想象的深度进行。

20世纪九十年代初，在一些研究者看来，似乎已经获悉了足够的知识，以至于也许用某种不同的方式去简化普遍语法是合理的：即构建一种理想情况，探究语言在多大程度上接近于这种理想情况，并试图克服许多表面上的差异。这一努力方向被称为最简方案，它从源头上对生成语法的研究进行了无缝连接与延续。

最理想的情况是将普遍语法简化为最简的计算原则，根据计算效率的条件运行。这种推论有时被称为强式最简命题。数年前，强式最简命题被视为一个非常奇特的想法。而近年来，越来越多的证据表明类似这样的推论很可能具有可观的前景。如果它成立的话，这将是一个令人震惊的重大发现。它还将为语言演化的研究开辟道路。在简要介绍当代语言演化研究的史前史之后，我们将会再次回到这个话题。

如前所述，有关普遍语法的演化问题早在约在60年前生物语言学方案开始实施时就出现了。这一问题在早年间就已讨论过，当时语言被视为一个内部的生物客体。显然，如果不把语言看作内部生物客体，那么对其演化的认真讨论也就无从谈起。19世纪时，印第安语学家的确常以内在论的视角，将语言视为一种个体的生物属性，但是在研究其演化问题时遇到了困难。我们在起初所提到的最简条件没有得到满足；尤其是当时对于满足基本特性的演化的系统的本质缺乏明确的认识。1886年，巴黎语言学会采用了著名学者威廉·德怀特·惠特尼（William Dwight Whitney 1893, 279）"所说和所写的绝大部分内容都只是空谈"的这一观点，举世闻名地禁止与语言起源相关的论文——这些话现如今仍值得我们关注。

关于接下来发生了什么，简·艾奇逊（Jean Aitchison）对其标准故事做出过精确的总结，收录于詹姆斯·赫福德、迈克尔·斯塔德特-肯尼迪和克里斯·奈特（James Hurford, Michael Studdert-Kennedy & Chris Knight 1998）所编的《语言演化的方法》（*Approaches to the Evolution of Language*）中。她引用了那时对语言起源的话题的著名禁令，而后叙述直接跳转到1990年，根据她所说的，1990年史蒂芬·平克（Stephen Pinker）和保罗·布卢姆（Paul Bloom）的一篇论文"改变了这一切"。艾奇逊还引用了赫福德对平克和布卢姆成果的公开赞同，用赫福德的话来说，他们的论文"消除了理解语言与演化的关系这一进程中的一些知识障碍"（Hurford 1990, 736）。艾奇逊继续写道，平克和布卢姆的论文"强调了语言是由普遍的演化机制演化而来的，并且他们还评论道'存在大量可观的与语言演化相关的新的科学信息，这些信息尚未被良好地分析整合过'（Pinker & Bloom 1990, 729）。"根据这一版本，该领域随后能够开始发展并成为一门盛行的学科。

然而，真实的历史在我们看来似乎有所不同，但并不仅仅是因为惠特尼对语言起源这一话题的严密约束。在惠特尼后的结构主义时期，语言通常不被视为生物客体，因此有关其演化的问题并没有被提出。欧洲结构主义基本采用了索绪尔流派的语言概念（在相关意义上），把语言视为一种社会实体——或者用索绪尔（1916, 31）的话来说，语言作为一种建立在"一种合约"的基础上的，存在于个体集合的所有成员的大脑中的词语图像的储存库。至于美国结构主义，伦纳德·布龙菲尔德（Leonard Bloomfield）提出了一个标准概念，认为语言是一系列的习惯，因此能够用规约的言语声音对情境进行回应，以及用行动对这些声音做出回应；或者也可以说，语言是"一个言语社区内所有话语的总和"（Bloomfield 1926, 155）。无论这些预设的实体是什么，它们都不是生物客体。

这一情况在该世纪中期发生了变化，当时人们正首次致力于内化语言的研究，以期满足语言的基本特性。如前所述，语言演化的问题仅仅是被提出了，但并未进行过认真讨论。早期的任务是构建一个丰富的语言理论，从而能够对多种不同的语言所揭露的语言事实进行描写。但是，普遍语法越丰富，其可演化性的解释负担就越重。相应地，那时能做的也就微乎其微。

我们在第一章中曾讨论过，1967年艾瑞克·雷纳伯格《语言的生物基础》一书的出版建立了对于语言的生物性的现代研究的基础，向前迈出了重要一步。这一成果包含了对语言能力的演化的认真讨论，其中包括许多重要见解和支持演化的非连续性的相当精细的论证，这些都以生物学为基础。但是普遍语法的丰富度和复杂度这一基本问题仍然存在。

在接下来的几年里召开了一些国际和本土的科学会议，把生物学家、语言学家、哲学家和认知科学家聚集在了一起。虽然大家对演化问题进行了探讨，但由于同样的原因，成果甚微。20世纪七十年代，我们中的一位（乔姆斯基）在 MIT 与演化生物学家萨尔瓦多·卢瑞亚（Salvador Luria）联合教授了语言的生物性的研讨课。其中几位修读课程的学生在该领域继续其职业生涯。语言演化是这一领域的主要话题之一，但可说的仍然不多。

评论家们（包括语言学的史学工作者们）有时会发现，生成语法早期的文献中很少有语言演化的参考文献。情况的确是这样的，但显然其中的缘由并没有被理解。这一话题自 20 世纪五十年代早期就历经了很多讨论，随后雷纳伯格在他 1967 年的书中也讨论过，以及其他许多学者在科学会议上也都进行过讨论，但由于上述原因，鲜有实质性的结论，因此参考文献也很少。

到了 20 世纪九十年代，实际上，几乎没有什么"可观的与语言演化相关的新的科学信息"需要整合，也没有"知识障碍"需要被"消除"。但那时的确发生了一些变化。第一点我们在之前已经提到过：普遍语法研究的进展提升了类似"强式最简命题这样的论证是正确的"的可能性，表明语言演化研究的主要障碍也许能够克服。第二点变化是演化生物学家理查德·莱旺廷（Richard Lewontin 1998）发表了一篇非常重要的论文，详细解释了为何当时理解的任何方法都几乎不可能用以研究认知演化，尤其是语言演化。第三点，大量有关语言演化的论文和书籍开始涌现，但它们都忽略了莱旺廷细致且富有说服力的论证，这一点在我们看来对他们是非常不利的——并且他们几乎都避开了对 UG 的理解方面的进展，而这些进展至少为这一话题的部分研究开辟了道路。

事实上，一个普遍的结论是，根本不存在普遍语法：如迈克尔·托马塞罗（Michael Tomasello 2009）所言，UG 已逝。如此的话，当然也就不存在普遍语法的演化这一话题——也就是说，从唯一的合乎逻辑的定义来看的话，也就不存在语言演化这个话题了。语言的出现反而被归结为认知过程的演化——这是无法被认真研究的，原因莱旺廷已经解释过。将语言的出现归结为认知过程的演化需要忽略语言能力与其他认知过程是分离的这一实质性证据，并且还要忽略普遍语法之于人类的独特性，而这一点从儿童出生起就显而易见。一个新生的人类婴儿能够从外部环境不断选取与语言相关的数据，这是一个不平凡的壮举。具有几乎相同的听觉系统的类人猿则只能听到噪声。随后，人类婴儿进行了人类独有的系统的语言获得过程，这显然远远超过了任何普遍学习机制所能够提供的内容，无论是单词学习，句法结构还是语义解读方面。

一个原本几乎不存在的领域的迅速扩张会引发一些有关科学的社会学的有趣问题，但在此我们还是先不做讨论，而是转向对于这个出现的问题的一个能产的领域——我们还要再强调一下，它还远未达成共识。

在强式最简命题的范围内，我们至少可以以一种合乎逻辑的、潜在有用的方式来建构语言能力的演化问题。那么，我们可以提出这样的问题：基于类似于强式最简命题这样的与现实非常接近的假设上，我们可以得出哪些关于语言及其演化的结论？

任何一个计算系统都会在某处嵌入一种操作，它能够应用于已经形成的两个客体 X 和 Y，并从它们中构建出一个新的客体 Z。我们把这种操作称为合并。强式最简命题规定了合并应该尽可能地简单：它并不改变 X 或 Y，也不对它们进行任何排列；它尤其会使它们保持无序，这是一个很重要的事实，之后我们会再回到这一点。因此，合并只是一种集合构造：合并 X 与 Y 得到集合 {X, Y}。

这种形式的合并是最简计算操作中一个很好的候选项。有人认为，串联（concatenation）甚至更为简单。这是错误的。串联同时需要合并或与"合并"类似的操作以及排序，还需要一些删除结构的原则，这与从语境自由语法生成的加标树形图中产出终端字符串的规则类似。我们可以把计算过程当作是类似这样操作的：存在一个工作区域，它能够进入原子性成分的词库，并且也可以包含任何构建好的新客体。一个成分 X 从工作区域中被选取，随后再选取一个 Y 成分，计算便能够继续下去。其中，X 与 Y 可以是工作区域中两个完全不同的成分，比如 *read* 和 *books* 合并

形成 *read books* 这一短语所对应的句法客体，这种操作被称为外部合并。唯一的另一种逻辑上的可能性便是一个成分是另一个成分的一部分，称之为内部合并，例如当短语 *he will read which books* 与它本身所包含的短语 *which books* 合并，生成了 *which books he will read which books*，基于这一基础，其他规则继续构成 *Guess which books he will read* 或 *Which books will he read* 这样的句子。这是一个易位性的普遍特征的例子——短语在一处获得发声，却在另一处获得释义。长久以来，易位性被认为是语言中一种奇特的不完美之处。然而，恰恰相反的是，它也正是非常基础的计算过程的一个自发属性。

再复述一次，合并 *he will read which books* 与 *which books* 会得到 *which books he will read which books*，其中 *which books* 有两次出现。这是由于合并不改变被合并的元素：这是优化的。这被证明是一个非常重要的事实。内部合并的这一拷贝属性能够在非常广泛且重要的范围内为易位表达的意义提供解释。我们可以把句子 *Which books will he read* 的意思理解为大概是："对于某些书 x，他会读书 x，"其中短语 *which books* 在两个位置被赋予了不同的语义角色。只有通过这些有关计算的优化假设，句子意义的复杂特性才能够得以解释。

用一个非常简单的例子来说明，比如句子 *The boys expect to meet each other*（男孩们希望见到彼此），它的意思是 *each of the boys expects to meet the other boys*（每个男孩都希望见到其他的男孩）。假设我们把这个句子嵌入到 *I wonder who* 的语境中，生成句子 *I wonder who the boys expect to meet each other* 之前的意义便不成立了。此处，短语 *each other* 回指较远的元素 *who*，而不是近处的元素 *the boys*。原因是，由于内部合并的拷贝属性，在心智表达式 *I wonder who the boys expect who to meet each other* 中，对于心智来说最近的元素的确是 *who*，尽管对于耳朵来说并非如此。

再举一个更复杂的例子，比如句子 *Which one of his paintings did the gallery expect that every artist likes best*（画廊预计每个画家最喜欢他的哪

一副画？），回答可以是：*his first one*（他自己的第一幅画），而这幅画对于每个艺术家来说都不一样。量化短语 *every artist* 约束短语 *which one of his paintings* 中的代词 *his*，然而在另一个结构非常相似的句子 *One of his paintings persuaded the gallery that every artist likes flowers*（他的其中一幅画作说服了画廊每位艺术家都喜欢花）中，我们却无法获得这种释义。原因是由于内部合并（易位）的拷贝属性。心智所接受的实际上是 *Which one of his paintings did the gallery expect that every artist likes which one of his paintings best*，这是一个典型的量词约束的结构模式，与 *Every artist likes his first painting best* 类似。

随着句子复杂度的增加，也会出现许多越发复杂的结果。显然，这些结果是不可能通过归纳、大数据统计分析或其他通用机制来获得的，但是，很多不同情况中的结果的确是遵循强式最简命题假设下的语言的基本结构体系的。

在类似的例子中，如果两处拷贝都有发音，那么理解则会更容易。但事实上，语言感知理论与机器分析与解读的程序中面临的主要问题之一就是要找到发音的空位——也就是所谓的填充语-空位（filler-gap）问题。至于为何只有一处拷贝获得发音，从计算的角度有一个很好的原因：除了最简单的情况之外，多处发音会使计算复杂度大大增加。因此，计算效率与使用效率之间产生了冲突，而结果是计算效率轻易胜出。据我们所知，在所有的结构、所有的语言中均是如此。尽管我们没有时间深入探讨这个问题，但存在许多计算效率和使用效率之间存在竞争的其他例子（比如可分析性、交际，等等）。在所有已知的例子中，后者总是做出牺牲：语言设计总是遵循计算效率。这些例子都不是边缘的。比如上文讨论的例子，都是可分析性与语言理解的核心问题。

这些结果表明了语言是为思维与意义而演化的：它在根本上是一个意义系统。亚里士多德的"语言是有意义的声音"这一经典名言实际上应该颠倒过来。语言是一种伴有声音的意义（或其他外化模式，或根本没有外化）；并且"伴有"（with）这一概念非常重要。

那么，感知运动层面的外化是一个附加过程，反映了所使用的感知模态的特性，言语和手势具有不同的排列方式。紧随其后的是，现代学说关于交际是语言的"功能"是错误的，而认为语言是思维的一种工具这种传统观点更有可能是正确的。用惠特尼的话来说，根本上，语言确实是一个"思维的有声符号"的系统。

现代的观点——认为交际是语言的"功能"（无论这本应是什么意思）——很可能起源于一个错误的观念，即认为语言一定是从动物交际系统演化而来的，尽管演化生物学并没有支持这一结论，这一点雷纳伯格在半个世纪之前已经做过讨论。并且现有证据是强烈反对这一观点的：实际上，几乎在每一个重要的方面，从单词意义到基本特性，在语言获得和使用方面，人类语言看起来都与动物交际系统有着天壤之别。有人也许还会推测，这一现代观点可能还来自于残存的行为主义倾向，不具有什么价值。无论什么原因，现有证据看来更有利于传统观点，即语言根本上是一个思维系统。

有关这一结论还有进一步的实质性证据。需要再次注意的是，优化计算操作，即合并，并未对合并成分施加任何顺序。那么，也就是说，涉及语言的心智操作应当是独立于顺序的，顺序只是感知运动系统的反映。当我们说话时，必须确定单词之间的线性顺序：感知运动系统不允许平行的产出或结构性的产出。实际上，感知运动系统在语言出现以前早已存在，它与语言的相关性并不大。如前所述，与人类有着几乎相同的听觉系统的类人猿在听到语言产出时只能听出噪声，但一个人类新生儿却能运用人类独有的语言官能立即从嘈杂的环境中提取与语言相关的数据，这一官能深深嵌于大脑内部。

这些结论的一些例证为人熟知。比如，动词-宾语和宾语-动词语序的语言指派的论旨角色是相同的。这些结论看起来能够类推的范围远不止于此。

这些发现还具有有趣的经验意义。让我们再回顾一下在第一章首次提到的例子，比如 birds that fly instinctively swim 和 the desire to fly instinctively appeals to children 这两个句子。这些句子是有歧义的：副词 instinctively 可以与前面的动词关联（fly instinctively），也可以与后面的动词关联（instinctively swim, instinctively appeals）。正如我们前几次演示的那样，假设我们从句子中提取出副词 instinctively，构成句子 instinctively, birds that fly swim 和 instinctively, the desire to fly appeals to children. 那么，歧义就消除了：副词只能被解读为修饰更远的动词 swim 和 appeals，而不是近处的动词 fly。

这是规则依存于结构的普遍特性的一个例证：语言的计算规则忽略线性距离这一简单的特征，而遵循较为复杂的结构距离特征。在人们起初致力于建构精准的语法时，便意识到了这一奇特的谜题。一直以来，人们为了说明这些结果可以通过数据和经验来获得，做出了很多尝试。但最终都失败了，这并不意外。在类似我们提到的例子中，儿童没有接触到任何证据表明应当忽略简单的线性距离特性而遵循结构距离这一复杂的特性。然而，实验表明，儿童早在约三岁左右刚刚可以接受测试的年龄时，就已经理解了规则是依存于结构的，并且他们不会犯错——当然他们也没有受到过这方面的教导。如果我们假设强式最简命题成立，并且语言的计算尽可能简单，那么一切都说得通了。

那些失败的尝试基本局限于助动词倒装和关系从句，这些问题也是最早被讨论的案例。这种人为限制误使研究者相信这些现象可能与提升规则有关，或者也许存在一些儿童能够接触到的数据，抑或是这一现象可能与关系从句中的预设信息相关。即使从这些方面考虑，这些尝试仍然完全失败。当我们超越最早期的例证，而关注解释规则时（它们也是失败的），就更加清楚这些尝试都离题了。

关于这些令人费解的现象，其实有一个非常简单的解释，这也是唯一一个经得起检验的解释：这些结果是从有关普遍语法的本质的优化假设，即强式最简命题得出来的。

有些学者至少已经尝试去解释这个现象，然而也有些学者根本没有意识到这是一个谜题。比如说，F. J. 纽迈尔（F. J. Newmeyer 1998, 308）提出，规则依存于结构来自于"使得所有承载信息的复杂系统具有结构化层级的设计压力"。实际上，关于为何计算程序产生结构化层级的原因，有一个更简单、更有说服力的原因，但是这一事实并没有解决谜题。结构层级与线性顺序两者当然都是存在的；谜题是，为何普遍忽略最短线性距离这一简单的计算操作，却使用较复杂的最短结构差异操作。仅仅说明存在结构化层级或线性顺序并无帮助。这是一个人们普遍会犯的错误，当下的技术性文献中非常常见。

顺带提一句，这只是这篇文章所犯的一系列错误之一，这些错误使其偏离了本欲驳倒一些早期论证的这一目标，我们对这些早期的论证做过回顾。这一系列的错误也动摇了其他作者在关于语言演化的这本奇特的文集中所得出的结论，如前所引。

"奇特"一词在此处是恰当的。出现的这些错误解读有时的确很奇特。其中之一是对于演化与自然选择得混淆——达尔文强调，自然选择是演化中的一个因素，而不是唯一因素。而其他的因素则更为陌生。例如艾奇逊讨论的（她称之为）"突现论"（pop hypothesis），即语言"很可能是突然快速出现的"（Aitchison 1998, 22）。她为了展现这一假说的荒唐，参考了一个我们（乔姆斯基）的观点，即翅膀的一半对于飞翔来说是没有用处的——然而，她却完全不提这一说法其实是我们作为一个谬论而提出的，她也没有提到在接下来的句子中，我还引用了一篇技术性论文中提出的观点，认为昆虫的翅膀起初是作为温度调节器而演化的。遗憾的是，这类错误并不是语言演化文献中的例外现象，但继续停留在这个问题上也没有太大意义。第一章和第四章中讨论了演化性改变的相对"速度"问题以及其相对迅速的改变的明显的普遍性，尤其是演化中的重大转变，以及更快速的变化如何与已知的原始考古学上的时间线相匹配。

回到主要问题上来,同样重要的一点是,语言表面的多样性和复杂性,以及易变化性,主要存在于,甚至全部存在于外化过程,而不在于生成底层表达式和将其提供给概念接口以用于其他心智操作的系统。这一点在不同语言中看起来是统一的,如果事实的确如此也并不意外,因为事实上儿童并没有接受任何相关证据,正如我们在这些简单的案例中所提到的——当我们转向普遍的复杂性的例子时,事实变得更加激动人心。

来自神经学和实验上的证据均支持不同模态的外化的附加属性这一结论,因此语言作为交际或其他形式的交互的使用也是次要的。十年前,安德里亚·莫罗(Andrea Moro)在米兰进行了一项研究,研究表明,遵循普遍语法原则的无意义的系统能够引发大脑中语言区域的正常激活,而使用线性顺序的,违反了普遍语法的更简单的系统引起的则是分散的激活,说明了被试将这些系统视为智力游戏,而非无意义的语言(Musso et al. 2003)。对此,尼尔·史密斯和伊安迪-玛利亚·奇普力(Neil Smith & Ianthi-Maria Tsimpli 1995)通过考察认知上有缺陷但语言上具有天赋的被试提供了支持证据。他们还有一个有趣的发现,当测试材料以智力游戏呈现时,普通人能够解决这个问题,而当以语言形式呈现时,他们则不能解决,这很可能是因为激活了语言官能。这些研究指明了在神经科学和实验心理语言学中可以进行研究的一些非常有趣的方向。

简要地总结一下,关于语言本质的一个优化的结论是,它的基本原则极其简单,甚至很可能对于计算系统而言是优化的。这是自20世纪中期生成语法早期研究以来就一直追寻的目标。这在早期看来难以达到,而今日情况已经不是如此了。优化假设随之引出了一些有趣的实证性结论。我们不再把易位性当作是一个令人不解的异常现象,事实上,它是一个完美的语言所能预计到的特性。此外,优化设计产生了易位性的拷贝属性,从而能得到丰富且复杂的语义解读。而我们对于在所有语言和所有结构中,语言忽略简单的线性顺序特征而一致依赖于更复杂的结构距离特征这一令人费解的事实,也有了直接的解释。对于语言表面的多样性、复杂性和易变性的事实，我们也给出了解释，它们大多、甚至全部位于一个外部系统，这一外部系统对于语言结构的核心内部过程以及语义解读是附加的。

如果这一切都是正确的，那么我们认为语言对于计算效率和思维表达来说设计优良，而对于语言使用，尤其是交流却带来了一些问题；也就是说，如传统所认为的那样，语言本质上是一种思维工具。当然，"设计"这一术语是一种隐喻。它意味着，符合人类语言基本特性的最简演化过程产生了一个思维与理解的系统，由于没有外部压力来阻碍这一优化结果，因此它在计算上是高效的。

回到演化历史中的两件事实，一个可信的推断是大脑的一些小的重新布线提供了基本特性的核心成分：一个优化的计算程序，它能够产生无限序列的层级结构化表达式，它们在与其他认知系统的概念接口处获得系统的诠释。这一相对较小的生物改变导致了较大效应的这一构想，实际上正是我们在第一章和第四章中，以及在引用的雷默斯和费舍尔（Ramus & Fisher 2009）的文献中概述的图景。事实上，由于不存在一系列小的步骤从而导致无限的产出，因此其实也不太可能找到什么其他的可能性。这种改变发生在一个个体中——并且如果足够幸运的话，通过一个或者两个（可能性相对较小）亲代传递，从而出现在它所有的后代中。生来具有该性状的个体将会具有优势，并且这种能力可能会通过一个小的繁殖群世代激增。在某种意义上，外化是有用的，但它却带来了较为困难的认知问题：一个为计算效率设计的系统必须被匹配到一个独立于它的感知运动系统。这一问题可以通过多种方式来解决，尽管并不是没有限制，但也产生了表面的多样性和复杂性，并且这一过程可能很少涉及，或者根本不涉及任何演化。这与我们的发现非常吻合，并且在我们看来是最为经济的推断——尽管由于莱旺廷（Lewontin 1998）提到过的原因，它仍然是一种推断。

无须再多说的是，这些言论也仅仅涉及表面。最近，有一些研究以一种我们认为有前景的新方向来探究强式最简命题。当然，仍然还有一大部分语言现象未能得到解释,甚至鲜有考察,但是,我们在这里描述的这种图景在我们看来是最为合理的,也为这方面的研究能够取得丰硕的成果提供了许多机会。

第四章

大脑中的三角

超越了自然选择？

作为自然选择的演化论的共同发现者之一，阿尔弗雷德·拉塞尔·华莱士对"效用必要"（necessary utility）这一严格的适应论原则深信不疑：有机体的每一个部分都应有其用处。然而他却无法解释人类心智诸如语言、音乐和艺术这些如此卓越的能力——对我们的祖先有何用处。莎士比亚十四行诗与莫扎特奏鸣曲如何能促进繁衍的兴旺？"自然选择只能够赋予野蛮人略优于类人猿的大脑，而事实上，野蛮人拥有的大脑能力并不比我们学术团体中的一般成员低多少。"（Wallace 1869, 392）他的泛适应主义（panadaptionism）观点甚至比达尔文还达尔文，毕竟达尔文（1859, 6）都曾在他的《物种起源》中写道："我相信自然选择是微调的主要方式，但并不是唯一方式"。

因此，华莱士走向了"犯罪"——他使选择超出了"自然"选择可及的范围："我们必须承认这样一种可能性，即在人类发展的进程中，可能有一种更高级的智慧物种，为了某种更高尚的目的，曾引导过同样的［变异、繁衍、生存］法则。"（1869, 394）达尔文对此甚为惶恐。他写信给华莱士说，"但愿你不要彻底扼杀你和我的孩子"（Marchant 1916, 240）。

我们认为，华莱士的"犯罪"最终其实不算一个极为严重的罪行。他几乎没有指出事实：达尔文主义要求与过去具有严格的渐进连续性——在我们的祖先和我们之间存在"数不清的、连续的、微小的变化"。但是，我们能做的和其他动物不能做的之间存在一个巨大的裂口——语言。这是一个不解之谜。正如任何一部好的侦探小说一样，我们应该找出"凶手是谁"——什么、谁、在何处、在何时、如何，以及为何。

在本章接下来的部分我们会尽可能地来回答每一个问题。简要地说，我们对于语言的问题的答案主要如下：

- "什么"可以归结为人类语言的基本特性——能够构建数字上无限序列的层级结构化表达式，并在其他有机系统的接口处获得确定的释义。[1]
- "谁"是我们——解剖学意义上的现代人类——既不是黑猩猩，也不是大猩猩和鸣禽。
- "何时"与"何处"指向位于约 200,000 年前，解剖学意义上的现代人类首次出现在南非，与近 60,000 年前最后的非洲大迁徙两个事件之间的某个时刻（Pagani 2015）。
- "如何"是基本特性的神经实现——关于这点我们的了解还很少，但是近期的实证证据表明，这或许与一些"微小的大脑重新布线"有关，如我们在其他地方已经提到过的。
- "为何"是语言的使用是为了内部思维，它作为认知黏合剂，使其他感知和信息加工认知系统能够结合在一起。

根据我们的理解，人类语言演化的图景与雅各布和莫诺的观点非常吻合，也就是把自然选择的演化视为随机拼装（opportunistic bricolage）。我们认为，人类语言的大多组分先前就已存在。已有的皮质回路被稍作修改。小的基因组改变导致了相对较大的认知效应——这也正是我们在第二章中所引的雷默斯和费舍尔（Ramus & Fisher 2009）所概述的图景。与有些人不同，我们认为没有任何必要接受这样的八卦，即语言的出现是更新世时期导航找路的需要，或者是某种模糊不清的文化演化的结果。

什么？

我们从解决"什么"这一问题着手，先回到我们在第一章中对于语言的三个组分的动画图解。第一个组分是语言的"中央处理器"（CPU），包括基本的组合操作，即合并。其余两个组分是与感知运动系统和概念-意向系统的接口，它们将合并产生的结构匹配至"外化"系统和"内化"系统。外化包括形态-音系、语音、韵律，以及其他所有参与实现口语或手语，以及分析言语或手语的部分。内化将合并建构的层级结构与推理、推断、计划等类似的系统关联起来。

按照最简方案的基本动因，我们假设合并在逻辑上是尽可能简单的。回想一下在第二章和第三章中，我们将合并定义为一个二价操作，合并选取任意两个句法客体作为论元，比如说，两个取自词库的类似词的原子性成分，例如 read 和 books，合并操作将会得到两者组合的一个新的单一的句法客体，而原先的两个句法客体均保持不变。在最简单的情况下，合并只是一种集合构造。合并能够递归地应用到这个新的层级结构化的句法客体上，产生如 the guy read books。合并能够以这种方式递归地构建出无限序列的层级结构化表征。

合并与类似词的原子性客体都是人类语言的一个关键的演化性创新，认识到这一点非常重要。在我们之后的讨论中，以及在我们回答"谁"的问题时，可以清楚地看出，非人类的动物至少也能够以一些有限的方式将一些个项组合在一起，以及按顺序地加工个项。然而，正如我们所主张的观点，他们不能构建与人类类似的层级结构化表征。黑猩猩 Nim 能够记忆约两个"单词"的组合，但却完全无法产出与层级结构接近的表达，即使是最简单的句子也难以做到（Yang 2013）。让我们回顾一下第二章中雅各布的话，合并使得语言远远不同于动物交际系统，也正是通过这一准许

"符号的无限组合"的特殊性质,才因此产生了"可能世界的心智建构"。

让我们进一步回顾一下在第一章中提到的,当合并应用于两个句法客体 X 和 Y 时,有两种逻辑上的可能性。X 与 Y 或是不相交的,或者 X 与 Y 一者是另一者的一部分。第一种情况是外部合并(EM),第二种情况是内部合并(IM)。

外部合并与语境自由语法或第二类语法这种更为人熟知的定义层级结构的方式有一定的相似之处,但是两者之间也有一些非常重要的不同之处。外部合并与普通的语境自由规则之间松散的相似之处非常直接。比如说,应用于 *read* 和 *books* 的合并操作可以通过普通的语境自由规则反映出来,VP → verb NP。这就把动词短语(VP)定义为一个动词后面带一个名词短语(NP),如 *read books*。被合并的两个句法客体位于箭头的右侧,即 *read* 和名词短语 *books*。但是,需要注意的是有三个关键的不同点。首先,语境自由规则认为 *read* 和 *books* 的层级组合有一个特有的名字,即动词短语。这并不属于合并的一部分。而是合并要求存在一种加标算法(labeling algorithm),从而使得其至少在这种情况下能够被设置成选择动词作为中心语,但是加标算法并不能得到任何称为"动词短语"的东西。[2] 其次,语境自由规则形式不能够禁止类似 PP → verb NP 这样的规则(一个介词短语通过合并一个动词和一个名词短语构成)。第三,下文即将详述,语境自由规则明确了名词短语的顺序位于动词之后,而合并则使它们保持无序。

许多当代语言学理论的核心部分都包含了这类语境自由组合规则——这并不意外,因为无限的结构化层级表达式是人类语言句法中一个不容置疑的经验事实。一些语言学理论,如中心语驱动的短语结构语法(HPSG)和词汇–功能语法(LFG)都包含了明晰的语境自由短语结构组分。(HPSG 甚至有区分统治与优先关系的版本。)其他一些理论,如树邻接语法(TAG),它具有一个提前设定好的,由类似词的原子成分构成的基础层级结构的初始有限集合,以及还增添了一个组合性操作——附加

（adjunction）——从而将这些成分递归地黏合在一起。（事实上，这与原始版本的转换生成语法中介绍的递归性非常接近，也就是我们称之为广义转换（generalized transformation）的操作）。而其他理论，如组合范畴语法（CCG），则缺乏明晰的语境自由规则，取而代之的是一些普遍的类似合并的"组合性"操作，从而能够将类似词的原子黏合成层级结构，这与贝里克和艾普斯坦（Berwick & Epstein 1993）首次提出的最简系统有非常紧密的联系。因此，我们在这里要谈到的语言演化会完整地提到这些理论。

然而，这些理论与基于合并的理论的一个关键不同点是，合并并没有对它所黏合的成分施加任何线性顺序或优先顺序。我们可以将合并的产物描绘成一种三角形：合并的两个论元构成了三角形"基底"的两个底边，它的标签位于三角形的最顶端。这一视觉上的类比并不完全准确。合并的表征与普通的几何三角形的关键不同是基底的两个成分的顺序并没有确定（因为这两部分是通过集合组成来设定的）。因此，*read* 和 *books* 就像悬挂物一样可以随意互相摆动换位，它们的左右顺序对于语言句法来说是无关且不可见的，但对于形态音位、音系和语音来说则不然。

我们在第一章和第三章中提到，人类语言句法的一个特点是它所使用的是层级而不是由左至右的顺序表征。这也印证了我们的语言演化观，因为我们相信这两种不同的表征是分别进行演化的。在鸣禽、其他非人类动物以及人类的外化系统中均发现了线性顺序，它在某种程度上很可能与肌动控制顺序相关。在这一方面，类似于博恩克塞尔-施莱索斯基等（Bornkessel-Schlesewsky *et al.* 2015）所推进的语言的神经生物学理论否认了层级结构化表征在语言中的作用，这对于人类语言的演化是一种严重的误导。虽然他们的观点成功地强行消除了我们与其他动物之间的演化距离，但它在实证基础方面是失败的，因为他们没有考虑到层级表征位于人类语言的核心位置这一根本的事实。

不止博恩克塞尔-施莱索斯基等在这一方面持此观点。显然，"仅存在线性顺序"的这一观点在当代认知科学的文献中广为流传。在此，我们再来看另一个例子，在《伦敦皇家学会论文集》(Proceedings of the Royal Society of London) 收录的一篇近期的文章中，弗兰克 (Frank et al. 2012) 等描述了一个"语言使用的非层级模型"，与博恩克塞尔-施莱索斯基在演化方面的主张相同。弗兰克等认为，"出于对简单性和演化连续性的考虑，使我们不得不选用线性结构作为人类语言加工中的基础"(Frank et al. 2012, 4528)。如果所有动物有能力做的唯一一件事是能够加工按顺序排列的个项，那么整个演化图景必然会变得更加简单，但这一立场是有问题的，是错误的。层级表征在人类语言句法中无处不在。

事实上，弗兰克等对于加工类似 *put your knife and fork down*（放下你的刀叉）这样的短语的提议虽然声称是"顺序的"，但实际上也暗含了一些默认的层级表征。他们的提议是什么呢？弗兰克等声称，对于类似 *put your knife and fork down* 这样的单词串的加工是通过"在平行的顺序流之间切换"来进行的 (Frank et al. 2012, 5)。每一个语流都将单词"切分"为组：一个语流负责加工单词 *put*（最终与单词 *down* 结合）；另一个语流加工 *your*；而第三个语流加工 *knife and fork*。他们把它想象成一个句法加工器，从左到右依次移动通过 *put your knife and fork down* 这个词串，并建立起三条平行线，起初它们是分开的：首先，一个语流会携带单词 *put*；而后，在已有 *put* 这一个语流的情况下，另一个顺序语流为了加工 *your* 而建立；最后，加工器会开启第三条同步语流负责加工 *knife and fork*。当最终遇到 *down* 这一单词时，这三根线会随之交织在一起，*down* 会与 *put* 结合。那么，实际上，他们在一个句子的单词串中建立了三条平行的"片段"，每一个"片段"实际都默认被赋予了一个标签，因为它们与其他语流被分隔开来了。[3] 需要注意的是，实际上的每一个"语块"，比如 *put down*，都可以包含输入中是任意分开的单词。

弗兰克等在论证这一表征不是层级性的时候吃到了一些苦头——比如说，他们说语块"没有内部层级结构，而只有成分的顺序排列"(Frank et al. 2012, 6)，这不可能是正确的，并且它一定是层级性的，否则的话这一系统将无法正确地处理 *instinctively birds that fly swim* 这样的结构。让我们再回想一下，在这个例子中，*instinctively* 修饰 *swim* 而不是 *fly*，原因是 *swim* "嵌入"了一个层级，但 *fly* "嵌入"了两个层级。如图 4.1 所示，在一例子中，以结构距离计算的话，*instinctively* 距离 *swim* 比距 *fly* 更近。显然，在人类句法中，并不是线性距离起作用，只有结构距离才起作用。这一特征在所有的语言和所有相关的结构中都是成立的，并且如前所述，它很可能根植于最优设计的深层原则中。

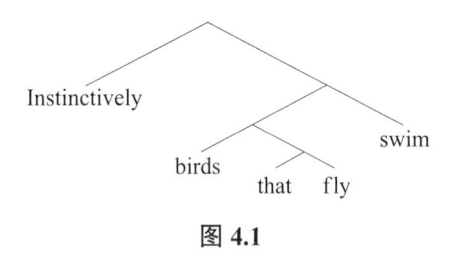

图 4.1

人类句法结构是基于层级结构的，而不是从左至右的线性顺序。在此，我们展示出 *Instinctively birds that fly swim* 的句法结构，这句话不具有歧义，*instinctively* 修饰 *swim* 而不是 *fly*。尽管 *instinctively* 在线性距离上离 *fly* 更近，但情况依然如此（修饰 *swim*）。*Instinctively* 与 *swim* 相关联是由于它们在结构距离上更近：*swim* 距离 *instinctively* 嵌入了一个层级，而 *fly* 嵌入了两个层级。

如果运用弗兰克等的"语流"系统，则必须将这两个成分连接起来，如弗兰克等有关 *put* 与 *up* 的例子。但是加工器（未指定）的控制者如何知道要将这两者连接起来，而不是连接 *instinctively* 和 *fly* 呢？唯一的办法就是借助层级结构的"深度"，或者是类似的代替指标。因此，这一系统必须采用一个隐性的表征，以确保相关的依存关系能够得以恢复。由于存在控制者能够在多个包含任意分散的单词的语流中相互切换，以及采用了看似是层级信息的这一事实，从而赋予了这个系统一定的计算能力，类似多带图灵机中所看到的那种能力。

这一（无意中）的趋同凸显了两个要点。首先，当试图表征人类语言知识时，很难去避开层级表征。原因很简单：人类语言是层级性的。层级结构无论如何都要得以表征，即使表征本身是隐性或程序性的。其次，他们的观点显示了层级加工的实现可以是间接的，而不是弗兰克等尽可能去回避的那种明显的"下推栈"。一个附带的好处是这显示了实现加工层级结构的计算方法有很多种，其中有一些是间接的。我们之后会再回到这一点。

随着我们更深入地探索语言的特性，关于层级结构在其他一些方面也是根本的这一点就变得更加清晰。让我们考虑一下下述来自克雷恩（Crain 2012）的例子。在句子 *He said Max ordered sushi*（他说马克斯点了寿司）中，*he* 可以与 *Max* 指同一个人吗？答案是否定的。你在文法学校所学到的规则是如果一个代词，比如 *he*，位于一个潜在的先行词之前，比如 *Max*，那么这两个词不能相关联。这一说法目前为止看起来还不错。那么在 *Max said he ordered a sushi* 这句话中情况又如何？现在 *Max* 位于 *he* 之前，因此他们可以相关联（但是未必一定相关联——*he* 可以指其他人）。目前为止情况依然还好。

但是文法学校的规则未必一直有效。让我们再看一个例子：*While he was holding the pasta, Max ordered sushi*。现在 *he* 可以指 *Max*——尽管 *he* 位于 *Max* 之前。那么我们的规则怎么了？这再一次说明，一个正确的规则应该是基于"三角形"的——即层级结构——而不是从左至右的顺序。限制实际上是这样的：第一个包含代词 *he* 的三角不能够同时包含一个名字或名词。让我们通过图 4.2 来看看这是如何运作的。图 4.2 依次展示了三个例子，阴影部分表示"包含代词的三角形"。在第一个例子中，包含 *he* 的阴影三角也包含 *Max*，因此 *he* 与 *Max* 不能指同一个人。在第二个例子中，包含 *he* 的阴影三角不包含 *Max*，因此 *he* 与 *Max* 可以指同一个人。最后，在第三个例子中，包含 *he* 的三角也不包含 *Max*，因此 *Max* 与 *he* 可以指同一个人——尽管在线性顺序上 *he* 出现在 *Max* 之前。这再一次说明大脑看起来显然无法出于内部句法目的而计算从左至右的顺序。[4]

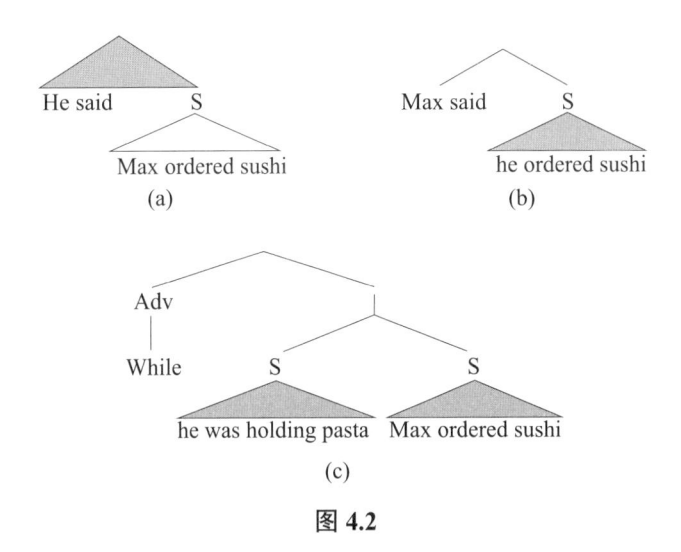

图 4.2

he 与 *Max* 在人类语言句法中可能的联系是由层级结构决定的，而不是从左至右的线性顺序。在所示例子中，阴影三角表示统治 *he* 的层级结构。仅在三角形不统治 *Max* 的情况下，代词 *he* 才能与 *Max* 同指。（a）：在第一个例子中，阴影三角统治 *Max*，因此无法相关联。（b）（c）：在第二和第三个例子中，阴影三角不统治 *Max*，因此同指可以发生，与 *he* 和 *Max* 从左至右的线性顺序无关。

如果内部句法计算并不在意 *read* 是否位于 *books* 之前以及 *Max* 是否位于 *he* 之前，那么我们便可以预计不同语言之间的语序是不同的，这也正是我们所发现的。语序是语言变体的核心。日语和德语都是动词尾语序，比如日语的语序是 *hon-o yomimasu*（"books read"）。由于合并将层级结构化表达式构建为集合，构成每个心智建构的三角形的"基底"的两个成分的顺序是无关的，关于如何将层级结构外化，个体语言会有不同的选择，在产出言语或手语时，单词必须被赋予由左至右，有序的时间顺序。

我们相信层级与线性顺序的明确分工对于人类语言背后的演化故事是有重要意义的。我们的观点是只有人类有合并操作,它与类似词的成分关系紧密地共同工作。而其他动物则不具有合并。

层级-线性的区分可以进一步通过对线性和层级结构的形式化描写的显著差异得以凸显,这种差异反映于对线性的人类语言声音系统的限制与人类语言句法的计算描写的对立中(Heinz & Idsardi 2013, 114)。显然,人类语言的声音系统("音位结构学")总是能够通过纯粹相联性的、线性的限制来记录哪些声音能够出现在其他声音之前或者之后。这些限制在文献中被形式化地作为正则关系。例如,英语说话者知道 plok 是一个可能的英语发声序列,但 ptok 不是。这样的限制可以通过有限状态机来描写。我们来看看这是如何进行的。

我们来看一个语言学上更真实的例子,海恩兹(Heinz)和伊萨尔迪(Idsardi)引用了纳瓦霍语(阿萨巴斯卡语系)中已被证实的咝音和谐的案例,纳瓦霍语只允许"仅前部咝音(例如,[s, z])或非前部咝音([ʃ, ʒ])单独出现(Hansson 2001; Sapir & Hoijer 1967)。例如,具有 [... s... s...] 形式的单词是纳瓦霍语中可能的单词,而 [... s... ʃ...] 和 [... ʃ... s...] 这种形式的单词则是不可能出现的"(Heinz & Idsardi 2013, 114)。(咝音 ʃ 听起来类似于英语单词 shoe 的开头发音,而 ʒ 则类似英语单词 vision 的发音。)这意味着 [s] 和 [ʃ] 互不能出现在另一者之前——省略号表示它们两者之间可能出现的任意数量的声音。例如,dasdolsis("他抬起了他的脚")是一个可能的纳瓦霍单词,但 dasdoliʃ 则不是。最关键的是,所有这些限制都完全基于词串的先后顺序——即哪些声音位于其他声音之前或之后。这显然与合并有着显著的差别,正如我们已经看到的,合并与先后顺序关系完全无关。

现如今,有关哪些声音能够位于其他声音之前或之后的限制为有限状态机的描写提供了最主要的材料。人们总能通过有限状态转换网写下这些线性先后顺序的限制——包括(1)有标的有向图,里面包含着有限数量的状态;(2)这些状态之间的有标的定向弧,其中的标签表示声音或声音的对等类别，以及（3）有标示的起始与结束状态。通过这样的网络对一个起始状态到一个双环的最终状态的路径进行追踪，便可以通过从起始状态到最终状态的路径的标记序列拼读出所有可能的声音线性排列。

以下图为例，图 4.3 的上半部分展示了一个有限状态转换网络，它捕捉了海恩兹和伊萨尔迪提到的纳瓦霍语的限制，即 s 与 ʃ 互不能出现在另一者的前面。为了减少混淆，它使用符号 V 来指代任意元音，C 指代任意非咝音的前部辅音（例如，除了 s 和 ʃ 的任意一个辅音）。我们可以很容易查明，这一网络会通过浏览类似 *dasdoliʃ* 序列这样不合法的纳瓦霍语单词（因为它违背了 s 后不能接 ʃ 的限制）或 *dasdolis* 这样合法的纳瓦霍语单词，从而加强它所需的限制。机器将会拒绝前者而接受后者。在此我们不再进一步地探讨细节，感兴趣的读者可以参看相关的附加注解。[5]

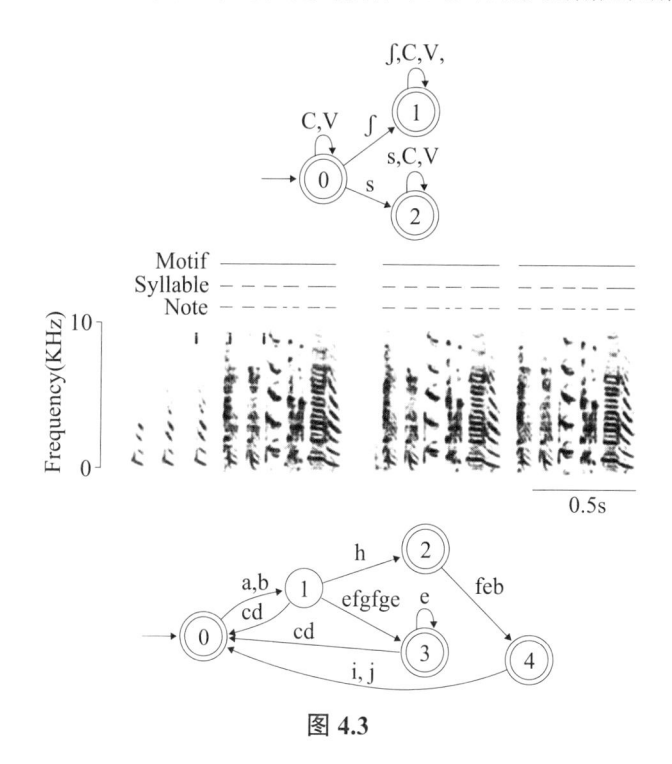

图 4.3

有限状态转换网络对于人类语言的声音系统和孟加拉雀鸣声的分析，说明了它们之间紧密的联系。（上部）有限状态转换示意图，一个有标的有向图，它描写了合法的纳瓦霍语单词的音位结构限制，引自海恩兹和伊萨尔迪（Heinz & Idsardi 2013）。这一限制禁止 s 后的任何位置出现ʃ，反之亦然；而只允许 s...s 或 ʃ...ʃ。C, V 转换指代除 s 和 ʃ 以外的其他任意辅音或元音。双环状态即是最终状态。当"分析"一个单词时，转换网从最左端的状态开始，然后逐字母地推进，并观察看是否可以在到达最终状态时不落下任何字母。（中部）这是一个典型的斑胸草雀的发声语谱图，描绘了一个分层结构。鸣叫通常起始于"引导音符"，后接有一个或多个"主题音"，它们是音节的重复序列。"音节"是一个不间断的声音，包含一个或多个连贯的时-频轨迹，称为"音符"。对几个主题音的连续鸣唱称为"歌段"。做了标记的音节 a, b, ... , j 由人和机器辅助识别而确定。（下部）斑胸草雀鸣叫中的音符或音节的可能序列，通过有限状态转换网络表征。转换从最左侧的初始状态开始，如开放的圆圈所示。状态之间的有向转换连接由音符序列标记。（引自 Berwick, Robert C. *et al.* 2011. Songs to syntax. *Trends in Cognitive Sciences* 15(3): 113-121. 得到了爱思唯尔公司的许可。）

更重要的是，即使在 s 与对应的另一个 s（或违反限制的 ʃ）之间的距离，也就是它们之间的声音的数量是任意的的情况下，这一简单的三种状态的有限状态机仍然能够正确地加强和谐限制。机器只须记住两件事：一个词是否已经遇到了一个前部咝音（状态1）或一个非前部的咝音（状态2）。用形式化的表述来说，我们认为这样的网络所接受的字符串（或语言）构成一种正则语言（regular language）。需要注意的是，尽管这样的语言能够包含任意长度的字符串，从更深远的意义上来讲，字符串能够捕捉到的模式是非常有限且局限的，比如说，一对被一个非咝音的辅音分隔开的 s 与一对被一千个辅音所分隔开的 s 对它们来说是一样的。

然而正则语言却不足以描写人类语言的声音系统。海恩兹和伊萨尔迪继续强调,"正则式也许是音系归纳的一个必要特性,但绝对不是一个充分特性"(Heinz & Idsardi 2013, 115)。也就是说,更为正确的是,将人类(以及其他动物)的声音系统描写成正则语言的一个严格子集——事实上,它应该是所有有限状态转换网络类别的一个高度限制的子集。据我们所知,并不只是有限状态网,所有的鸟歌也是如此。图4.3的中间部分展示了来自一只斑胸草雀的真实的语谱图,而下部则展现了一个类似有限状态转换网对这一雀鸣声的建模,字母a, b, ... , j指代在语谱图中有标记的鸣声片段。

想要具体说明自然音位结构限制还需要什么附加限制?至少在某种程度上,这相当于需要一些特定的局域条件(locality conditions)——描写可能模式的语境以某种方式受到严格的限制,我们下面将会对这种方式进行描述。假定遵循局域限制的那些描写音位结构限制的有限状态转换网属于正则语言的两个真子集中的一个,或是(i)严格的 k-局部(k-local)正则语言,或(ii)严格的 k-分段(k-piecewise)正则语言(Heinz & Idsardi 2013)。直观上,这些有界语境下的正则语言描写的模式或是(i)具有固定长度 k 的特定的连续的次序列(例如在我们的英语例子中,英语准许如 pl 这样的两个序列的成分,并会排除 pt,因此 $k=2$);或是(ii)具有固定的,有限的长度 k 的一些未必相邻的次序列(例如在纳瓦霍语的例子中,s...s 这样的两个成分的次序列是可以的,但 s...ʃ 则不行,这里也是 $k=2$)。概括地讲,两种限制都作用于"有界语境"的原则,或是针对字符串本身,或是基于需要"存储于记忆"的成分。

句法中也有一种相似的限制。内部合并所引进的依存关系是不受限制的,比如下面这个句子:*how many cars did you tell your friends that they should tell their friends...that they should tell the mechanics to fix* [*x many cars*]。此处 [*x many cars*] 是在外化中被删除的拷贝,并且"..."所指代的省略成分是没有限制的(当然数不清的替代是可能的)。然而,有多方面的证据表明依存是一步一步构建的：内部合并会经过每一个小句边界，如果在这个位置没有成分阻碍合并的话——例如另一个疑问词。因此，尽管上述句子是合法的，下面这个密切对应的句子却不成立：*how many cars did you tell your friends why they should tell their friends...that they should tell the mechanics to fix [x many cars]*。在这个例子中，显然 *why* 阻碍了这一构建过程。

这种相似并非是偶然的。它可能表明了对两个不同类型的域进行最简搜索的操作具有同样的限制，第一个是线性结构，第二个是层级结构。

在此我们不再详述这一问题的具体细节，但是它对于语言学和认知科学的启示是有意义的。这说明了严格的局部正则语言和严格的分步正则语言都是能够通过计算上可行数量的正向例子而习得的（Heinz 2010）。非常重要的一点是，这两个局域限制排除了许多明显"不自然"的音位结构规则，例如要求语言中的每第五个音必须是某一类辅音的规则——即一种所谓的"计数"语言。"计数"语言不是自然语言。

显然，鸟歌中也发现了类似于音位结构的限制。冈上和生（Okanoya 2004）发现斑胸草雀的鸣声也受到这样的限制，即贝里克和皮拉图所研究的 k-可逆（k-reversible）的有限状态语言的一种变体，其中 $k=2$，它是一个与正则语言紧密相关的，并且易于习得的正则语言的子集。我们在接下来的部分会进一步讨论。

类似这样的局域限制在为转换生成语法的其他版本提供可习得性证据时起到了一定的作用。在这一方面，相似的结果还包括韦克斯勒和库里卡瓦（Wexler & Culicover 1980）的论证，即所谓的"二级可习得性理论"（Degree 2 learnability theory），它基于"偏误的有限程度"的概念，证明了 20 世纪七十年代的转换语法理论是可以通过简单的，正向的有限层级深度的例子习得的。在相关的研究中，贝里克（Berwick 1982, 1985）为 20 世纪八十年代的管辖–约束理论建立起了相关的可习得性结果，也是通过简单的，层级上有限的正向例子，在实现转换语法的分析器的语境下习得的。这两个理论都用到了"有限的层级语境"这一概念去限制学习者可能会假设的（并且可能是错误的）规则的范围。为了使这个范围是有限的，需要确保的是学习者在通过有限数量的错误尝试之后，能够发现正确的假设——即能够检测的偏误以及/或者正确建构的假设的数量必须是有限的。[使用当代机器学习领域的术语，我们可以说，韦克斯勒-库里卡瓦和贝里克的限制把可能语法/语言空间的 Vapnik-Chernovenkis 维或 VC-维从无限降至一个（小的）有限的值，从而确保了可习得性。]初期的研究表明，类似的局域限制可能对构建合并类型的语法理论的可习得性有一定的作用。

无论如何，对于我们和鸣禽用于外化的声音系统中的自然限制而言，有界的局部环境能够提供至少一个明确的、认知上有启发性的部分描述。虽然我们并不能确切地了解有限转换网络在大脑中如何实行，但关于这一话题的提议则至少可以追溯至克莱尼的"神经网络中的事件表征与有限自动机"（Kleene, *Representation of Events in Nerve Nets and Finite Automata* 1956）。

那么层级结构的计算又是如何呢？六十年以来，我们一直清楚，层级计算在本质上超出了有限状态网的范围。需要注意的是，形式上，有限状态网定义的语言的代数必须遵循字符串串联的相联方式，这是一个使得该系统不适合描写层级句法结构的局限。为了说明其原因，我们来考虑三个符号，c、a 与 t。我们用一个开环°来指代字符串串联，为了可读性，我们用括号来指代串联的顺序。假设一个有限状态转换网接受了字符串 cat。这意味着如果 c 首先与 a 串联，那么串联的结果 c°a 接着与 t 串联，得到字符串 cat，也就是说，(c°a)°t 需要被有限状态机接受。至于相联方式，如果 a 首先与 t 串联，得到 a°t，之后 c 串联在这一结果的前部，得到 c°(a°t)，那么也产生了同样的字符串 cat，这也是正确的，并且这一字符串也必须被这一机器接受。至此，我们只是重申了相联方式的定义。现在有趣的部分来了。如果线性串联与关联方式是我们目前所能够支配使用的全部内容，那么这意味着如 *deep blue sky* 这样的单词序列则无法被解读为结构上有歧义的，即 (*deep blue*) *sky*（深蓝色的天空）和 *deep* (*blue sky*)（蓝色的深空）的对立，因为这两种不同的组合顺序在相联性的字符串串联中是同等的。但是，如果我们无法区分不同的组合顺序，我们就不能区分两种具有不同意义的不同结构。这与强生成能力（*strong generative capacity*）具有相似的失败之处，也就是说，它们都不能够表征需要被区分的结构，这也是乔姆斯基（Chomsky 1956）首次提到的有限状态机为何最终难以描写人类语言知识的一个原因。[6]

从形式的视角，层级结构所需的计算机制自乔姆斯基（Chomsky 1956）以来就得到了很好的理解：我们知道了建构层级结构的最简要求。请记得，当我们合并两个句法客体 X 与 Y 时，只有两个逻辑上可能的情况：X 和 Y 要么是不相交的，要么一者是另一者的一部分。（我们排除了X 与 Y 是相同的的情况。）

如果 X 与 Y 是不相交的句法客体，则运用外部合并，这一操作与乔姆斯基原本称为 Type 2 或语境自由语法的规则多少有些类似，贝里克和艾普斯坦（Berwick & Epstein 1993）起初也曾表明过这一点。但是，比如在正则语言和能够反映它们的类似的语法或机器中，仅仅表明一种语言是语境自由语言，或它对应的语法是语境自由语法则是不够强式的，因为许多（大部分）语境自由语法（CFGs）并不是描写人类语言知识的，更重要的是，语境自由语法完全不能很好地对人类语言知识进行描写——这一事实至少自乔姆斯基（Chomsky 1957）已经提出过，并且在乔姆斯基（Chomsky 1965）和之后的其他一些成果中也有过再次强调，我们在接下来会做一个简要的概述。

如果一个句法客体是另一个的一部分，那么我们就有了一个内部合并的实例。在这种情况下，想要找出在所有情况下所需的是什么样的计算力则须更加谨慎。其中有一个扩展版本被称为多重语境自由语法（multiple context-free grammar）或 MCFG，它被认为至少在复制可能的句子及其结构方面是有效的,如斯特布勒(Stabler 2011)等描述的那样。关于这些语法的细节我们在此不赘;我们提到 MCFG 这一形式系统是为了说明,与有些人所声称的相反,在为基于合并的理论建模,抑或是为这类系统建立有效的分析器时,无论从形式上或计算上实际上都是没有障碍的。根据我们的了解,所有能够覆盖同样广泛范围内的实例的当代语言学理论——从 HPSG、LFG 到 TAG、CCG 再到最简系统——它们都是从一个严格的计算角度出发的。[7](不过,这些理论在实证方面以及在其他一些方面是不同的。)

MCFG 对一般的语境自由语法进行了扩展,在规则左右两侧的非终端名称中加入了变量。这些变量也许能够被设置为等同于终端字符串,那么,实际上我们便可以用它们在基于合并的框架中为拷贝的句法客体加"指标"。换言之,我们不再用类似 VP → verb NP 的规则,而是对符号 NP 和 VP 增加了如下变量:VP (x) → verb NP (x),其中 x 具有一定的值,比如一个字符串值 what。正是这一额外的力量让我们能够模拟内部合并在某些情况下的操作。[8]

下面我们用一个简化的例子来说明。如果我们有一个句法客体,例如 *did John guess what*(更准确地来说是这一词串所对应的基于集合的句法客体),那么我们可以对 X=*did John guess what* 与 Y=*what* 运用内部合并,像平常一样得到一个更大的句法客体。我们称它为"CP"短语,包括了 *what did John guess what* 这些词。在 MCFG 中,我们也可以通过扩增传统的语境自由规则来模拟这一操作,传统的语境规则将 CP 扩展为一个"标句词(Complementizer)"接一个曲折短语(Inflection Phrase)(细节无关):CP → C IP。我们现在把字符串变量 x, y 放置到非终端名称 CP 和 IP 里面,那么对应的 MCFG 扩增可以写成如下格式:CP (yx) → C IP (x, y)。此处 yx 指代 x 与 y 的串联,而 IP 所携带的两个变量中,这些字符串仍然是分离的。如果 x=*what*,y=*did John eat what*,那么串联的字符串 yx 则对应 *what did John eat what*,扩增的规则可以模拟内部合并执行的"拷贝"。

（我们省略了准确地展示具体如何进行的细节。感兴趣的读者可以参看 Kobele 2006; Stabler 2012; 或 Graf 2013。）

我们无法非常坚定地说 CFGs 与 MCFGs 都不是人类语言的正确描写。正如有限状态转换网语法或它们对应的语言，它们都能够过于轻易地描写许多没有经过检验的语言和结构。更重要的是，它们无法生成人类语言中那些经过检验的正确结构——类似于 *deep blue sky* 的问题。即使有时它们能做到这一点，也仅仅是通过添加数量非常庞大的规则。下面就是一个例子。

贝里克（Berwick 1982, 2015）和斯特布勒（Stabler 2011, 2012）证明，为了使 CFGs 和 MCFGs 能够恰当地复制英语中的 *wh*-问句的模式，我们必须事后在这些系统的顶端施加限制，它本质上其实是位于前置的 *what* 问句与出现在 *read* 后的（不合法的、明晰的）所有需要排除的短语的一个列表。这导致所能得到的 CFG 和 MCFG 的规模呈指数增长，这是一个警示，说明这些系统仅仅是明晰地罗列出所有的可能性，而没有将它们捕捉为简明的、系统的规则。对于这类限制的正确概括并不需要列出位于 *what* 和 *read* 的宾语之间的具体类别的短语，因为大致上，内部合并（拷贝）的短语并不在意它的初始与着陆位置之间有什么成分，除非存在一些中间成分阻碍了进一步的内部合并，例如上面讨论的"机械-汽车"的例子。简言之，有附加限制的系统缺乏乔姆斯基（Chomsky 1965）意义上的解释充分性，贝里克（Berwick 1982, 1985）对解释充分性也做出过形式化的概述。

这一从有限状态机到下推栈，再到扩展堆栈机（stack-extended machine）的顺序看起来似乎反映了演化的顺序，暗示了一个底层的演化情景，但是我们认为那只是个诱饵。我们应该抵御这一暗示。很容易想象，这里隐藏了某种中世纪的自然尺度，即低级的阿米巴原虫生活在有限状态的领地，灵长类动物则爬上堆栈，而最终我们"尽吾之力"，通过最后一跃，到达了温和的语境敏感状态。有人已经提出过这一观点；具体参看斯蒂德曼（Steedman 2014），我们在注解 9 中会提到。但在这一从阿米巴原虫到天使的图景中隐藏着一个问题，那就是金和加利斯泰尔（King & Gallistel 2009）所强调的图灵机陷阱。昆虫的导航，例如蚂蚁携带着食物回到它们的巢穴的航位推算，看起来需要能够"读取"和"写入"简单的类似磁带一样的记忆细胞。但如果情况确实是这样的话，那便是图灵机所需的全部内容。如果这都是正确的，那么蚂蚁则已经一路爬上了自然的阶梯。于是谜题又产生了，蚂蚁显然不能够像人类一样构建任意的复杂的层级表达式。[9]

总结一下目前为止我们对于"什么"这一问题的答案，我们在人类与所有其他动物之间划了一条非常清楚、明确的界限：我们有合并，但其他动物没有，其结果就是，只有我们人类能够构建无限的层级结构化表达式，它具有普遍存在的易位特性，并且最终以依存于心智的，类似词的原子成分为基础，并且在每个生成阶段都会在接口处获得确定的意义，而动物则不具备这一能力。我们还在抽象层面上描写了计算这类表达式的计算机制。与其他人的观点一样，我们认为这一功能可以通过略微改动的、已有的皮层"湿件"来完成，但是，在本章临近结束时，对于其所需要的内容我们还有一些其他的发现。

这些都可以作为戴维·马尔（David Marr 1982）称为任何信息加工系统的第一层分析的答案——问题"什么"得以解决了。那么基本特性是如何计算的？语言系统如何聚合任意的层级表达？除此之外，关于马尔的问题还存在另外两个层面——算法与实现。基于马尔的层面，对于"什么"的问题我们还有什么要说的吗？

众所周知的一个挑战是，存在许多许多种算法和实现都可以完成这项工作。这是一个问题。我们对于人类认知的了解远不足以确定这些选择——以及其带来的任何演化方面的启示。我们能说的至多的内容也很平凡：依存于心智的词与基本特性共同工作。这的确使我们掌握了一些我们预计在大脑中发现的东西，我们将在本章末提到。那么，还有其他的吗？

就算法和实现而言，因理查德·范曼（Richard Feynman 1959）而出名的句子——"底部存在足够的空间"——肯定是适用的。不只是底部有足够的空间，街区的中层或者阁楼层也可以被转租。"底层"存在着一些任何神经生理学家的哲学中都没有想到的世界——湿件回路仅仅被最粗略的术语进行分类，如"串行工作记忆"（serial working memory）、"稀疏编码"（sparse coding）、"同火链"（synfire chains）、"群体编码"（population coding），诸如此类。这些术语很难枚举真正的电脑结构所能够使用的可能性。从数据流体系结构，到流水线 CPU 设计，再到异步处理，极少有系统的抽象层面的电路设计知识能够进入认知建模的实践中。翻看一本计算机体系结构的典范书籍（如 Hennessy & Patterson 2011），便能够反映其设计灵感的丰富。大约四十年前，我们中的一位（贝里克）曾提到，即使是假设中极其微小的一步——在一个指令中引入的一个最小的可能的固定平行——可能会将本来被认为是完全不同的语言学理论纳入同一个心理语言学的预测范围。

现在我们先把任何一个具体算法的广泛的可能实现范围暂时置之一旁，而只考虑算法水平。比如计算普通的层级表达式的最简单的算法。关于语境自由分析器的典范教材会描述几种不同的方法。其中一个不太成熟的观点是让我们运用某种"下推栈"，因为这是普通的形式语言理论所告诉我们的。但是，我们在第一章中提到过，实现下推栈在生物能源的现实网络方面仍然是有问题的。

自然语言分析的教科书提供了如何去做的详细方法。也许，语境自由类的计算中最常用的算法通常完全不会使用明晰的下推栈。相反，与 Cocke-Kasami-Younger 算法（Cocke-Kasami-Younger 1967）或 Earley 算法（Earley 1970）类似，这些方法以间接方式提供了与下推栈一样的信息。

它们是如何运转的？假设某个句子长度是 n 个单词，这些方法通常是用 n 数组构建出类似于 n 的上半部分的东西，n 数组即一个二维矩阵，而后根据合并者是否能够正确地获得标签，来一块一块地将"合并的"加标成分"填充进"确定的位置中。例如，给定句子 *John read books*，矩阵大小是 3×3 格，合并 read 和 books 的产物的标签会占据矩阵格的（2, 3）这一位置。在传统的语境自由语法中，确定具体的对应标签是无关紧要的：如果一个规则将一个动词和一个名词短语结合成为动词短语，那么就像我们之前看到的，这个标签就是 VP，并且我们会把它放置在（2, 3）这一格的位置。从一个低级的神经视角，我们可以把矩阵格看成是记忆位置，那么这些操作看起来还比较可信。（我们在下面会提到在传统的电脑中它们也不需要被"存址"。）[10]

在这一图景中，下推栈处在什么位置？矩阵的列暗示了堆栈的位置。缺少"明显的"堆栈并不意外。比如图灵机，它毕竟应该能够进行任何计算。但图灵机也不具有堆栈；那么它们应该通常是以某种间接的方式被"仿效"的，认真做图灵机"编程"练习的学生们应该都发现过。有关 MCFG 的直接扩展，以及内部/外部合并，可以参看 Kobele 2006 或 Kallmeyer 2010。

事实上，鲜有分析算法能够明晰地构建"分析树状图"。它们通常使其隐性存在，因为计算它们通常是浪费宝贵的计算资源。而任何语义解读都可以通过合并出现的顺序在程序上被读取。正如堆栈一样，语言计算中缺少明晰的树形结构显然使一些认知科学家感到困惑，因为他们坚持认为树形结构（图表结构）是基本的，因此也是心智／认知语言表征的必要要求；那么，没有假设树形结构的语言学理论都应该被抛弃，因为它们不具有心理现实性。这就一错再错了。语言学理论从未施加过这样的限制；事实上，它的对立面才是正确的。语言学家霍华德·拉斯尼克（Howard Lasnik 2000）详细解释过，在转换语法最初的理论阐述中，表征是基于集合的，而不是基于图表的：树形图只是一种教学辅助手段。请记住，基本特性也构建集合。

基于集合的表征实际上与使用（有时被称为）内容可寻址存储器的神经结构的构想较为一致，一直以来，内容可寻址存储器被认为更有可能是人类记忆的一个合理的组织，而普通笔记本电脑结构体系中的传统的寻址器则不太可能。在一个传统的电脑中，存储器就像街区的房号一样：定位房子#114是由于它位于#112之后，或者因为你看了一眼地址簿，从而得知了号码。在内容可寻址存储器系统中，记忆是通过房子的特征被提取的：位于池塘边的那个灰色屋顶的现代错层建筑。查找是通过特征匹配来完成的。

这些听起来应该非常熟悉。对于研究句子理解的当代心理学家来说，这当然是一个可观的情况；可参看凡·戴克与琼斯（Van Dyke & Johns 2012）的综述。但它同样也与基于合并的理论相互兼容。它们是如何相匹配的呢？回想一下，合并所组合的核心结构包括两个句法客体加上一个标签。标签本身提供了一系列的特征，也就提供了一些可供查找的内容；标签下的句法客体也递归性地具有加标特征，或是从类似词的原子中寻找出特征。你可能首先会认为，这一堆特征会把所有东西纠缠在一起，但并不是这样的。事实上，在20世纪六十年代和七十年代晚期，内容可寻址存储器已经在视觉图像的层级解构方面得到了广泛的应用；例如，阿兹瑞尔·罗森菲尔德（Azriel Rosenfeld）和哈南·萨梅特（Hanan Samet）在马里兰大学所做的详尽的、著名的"四分树"研究（Rosenfeld 1982; Samet & Rosenfeld 1980）。罗森菲尔德展示了内容可寻址存储器为层级结构的实现提供了一种自然、有效且直接的方式。

在此，我们不再继续深入探讨这个问题，但需要提及的是，人们对此仍然存有误解，认为层级结构难以在内容可寻址存储中得到表征，而内容可寻址被认为是一种更"像大脑"的存储系统。恰恰相反，标准的计算机科学的结果表明这一观点是错误的。那我们为什么并没有发现这类存储器有更广泛的应用呢？因为经济原因。内容可寻址存储器在几十年前被弃用的一个原因就是因为开销。它并不存在概念上的劣势，只是在竞争中不占优。具有标准寻址的大规模综合性回路更加便宜。但是内容可寻址存储器的时代也许会回来。认知科学家们如果想要对大范围内的可能的、甚至是能够适用于传统硅电脑的"实现"有一个全面的了解的话,则需要去查阅内容可寻址电脑的结构体系设计的历史。[11]

这些算法的实现顺序也具有一定的灵活性。我们早已了解到,通过使用动态编程方法以及"存储"部分结果,我们可以改变CKY或Earley算法中所使用的严格的自上而下,严格的自下而上,或者两者之间任何逻辑上不矛盾的变体的搜索模式。这些方法并不记录格子被填充的具体顺序。那些对"分析作为演绎"这一方法做过细致研究的学者们对这些内容是很熟知的。

即使历经三十年的研究工作,新的发现每年不断出现,表明了如何改变这些计算模式从而更好地匹配所观察到的与人相近的加工负载。然而,这仍是一个开放的领域;例如,舒勒等(Schuler *et al.* 2010)记述了一种存在了二十五年的方法,它"翻转"了语言中明显的分叉结构,从而使得在句子加工中,当人们从左至右通过一个句子时,记忆负载不会产生不必要的增加。事实上,斯特布勒(Stabler 1991)曾经在几十年前提出过一个同样的解决方法,表明了以下三个假设并不存在矛盾之处:(1)增量式理解(incremental comprehension),即尽可能快地解读句子中的单词;(2)右分支句法结构;以及(3)语言"能力语法"(competence grammar)的直接运用。虽然有人极力主张反对假设(2)和/或(3),但斯特布勒展示了如果我们允许混合这些步骤,那么满足所有这些假设并非难事。如斯特布勒提到的,我们可以在被合并的单位完全建构好之前就开始建构与解释它们,正如我们可以在还没有完成所有的准备工作时就先准备并且开始供餐,"在牛排煎好之前,沙拉就可以先上了"(Stabler 1991, 201)。

仅描写算法交易的这些策略就需要另写一本书,而我们的目标也不是写一本关于自然语言处理的书。我们想要说明的是,存在许多不同类型的算法可以探索,每种算法对心理语言学的忠实度与演化性改变都会带来不同的可能的启示——如果我们设想高效分析最终对于演化成功是起作用的。

到这里我们还没有完成论述。目前为止，我们所讨论过的所有可能性都围绕着串行计算。对于合并类的语言分析，同样也有一系列完全不同的平行算法——它们可能也具有演化启示。在此我们指出一个基本的方法：一个为超大规模集成（VLSI）电路设计的实现方法（Koulouris et al. 1998）。它也是一个基于数组或矩阵的方法，是 Earley 算法的一个硅版本。矩阵会参与简单形式的平行计算，因为我们能够同时填入一些成分，平行地进行不同列的计算。比如在 the guy read books 的例子中，对 read books 的加标与合并操作可以与对 the guy 的操作同时进行。关于如何协调这些计算有许多细节问题，主要包括各种不同类型的平行电脑体系结构，既有连接单位比较大时的"粗粒度"，也有连接单位小的"细粒度"；由于篇幅限制，在此不赘。粗粒度和细粒度的平行算法至少一定程度上遵循了转换语法的早前版本，即原则与参数（P&P）理论（Fong 1991）。我们很容易理解粗粒度的平行算法是如何运行的：原则与参数理论有大约 20 多个模块（格理论、空语类原则、X 标杆理论、约束理论……），它们合起来确保能够准许可能的句子结构。它们之中有一些可以独自运行，而其他理论，比如约束理论，我们前面用 Max 的那些句子做过说明，它需要依赖于结构配置中先前的计算。邝（Fong）对于哪些模块能够被协同例程（即相互联合运行），哪些要分别运行做了一个初步的探索，计算了其性能负载。对于这类大量的语法理论复杂交织在一起的情况，还有待于进行全面分析，从而观察其中的细节是否发挥作用。根据我们的了解，对于基于当代的合并类系统的一个平行算法版本的分析器的实现，还没有过任何认真的尝试。

那么马尔的第三个层级，即实现层，又是什么样的呢？再一次，我们面临许多开放的选择。如果有读者想在语境自由分析的单一算法的语境下探索这一问题，并可以明确地扩展到最简方案框架的分析，可以参看格雷厄姆、哈里森和鲁佐（Graham, Harrison & Ruzzo 1980），他们会发现类似 CKY 的方法有几十种实现方式，这取决于电脑结构体系在存储器中储存列表的方式，以及预编译规则链等。我们所储备的具体知识并不足以能够在相等的可能性类别中做出筛选，因为它们中的每一个都可能会导致完全不同的计算性能。但不管结果如何，非常清楚的一点是，费曼和加利斯泰尔问题仍然存在。

谁？

我们知道，非人类动物擅长许多有难度的认知任务。鸦科鸟类——即类似乌鸦的鸟类——在许多认知领域中都表现得很聪明。它们有能力制造工具，完成复杂的空间和因果推理，以及记忆贮存食物的方位和质量。西丛鸦能够把系在小卵石上的绳子降低至缝隙里，从而引诱蚂蚁上钩作为自己的午餐。

有一些鸟类并不是发声学习者，如鹌鹑和鸡，而鸣禽则有能力进行复杂的发声学习。雄性鸣禽会教雏鸟学习鸣叫，而雏鸟必须学会鸣叫，有时它们自己还需进行一些微小的调整，因此才能够使用鸣声作为领土和可交配的信号。与人类一样，鸣禽也具有左脑的偏侧优势。还有一点与人类相同的是，鸣禽也存在一个习得关键期，它止于睾酮开始分泌的青春期。

鸟歌与人类语言具有如此多的相似性，那么，至少从亚里士多德时代人们就已经开始琢磨鸟歌是不是一个好的语言模式，这也不足为奇。然而，根据我们如今的了解，最重要的一点是鸟歌只是言语的一种模式，如果这样的话——它不是语言。如贝里克等（Berwick *et al.* 2011, 2）提到的，"大多人类语言的句法特征在鸟歌中是找不到的。唯一的例外也是有关人类语言声音系统的特征。"这一点在任何一个鸟歌与人类语言的异同的形式化分析中都是非常明确的；贝里克等2011年的表1提供了一个总结。在人类语言句法的16个核心特征中，只有2个同时出现在鸟歌和人类语言中：基于毗邻的依存关系与组合"语块"。

我们可以总结如下：鸟歌和人类语言的外化声音系统都有基于先后顺

序的依存关系，可以通过有限状态转换网进行描写。而人类语言句法的其他核心特征都不存在于鸟歌中。包括无限的、非毗邻的依存关系，层级结构，句法规则依存于结构，以及带有拷贝的短语的明显的"易位性"。

正如我们在之前部分所看到的，描写鸟歌的有限状态转换网在有些方面与人类音位结构限制是有些相似的，但是其限制程度甚至更高。一些物种的鸟歌声是我们已知的最复杂的，例如孟加拉雀、家蝇。为了分析孟加拉雀的鸣叫声，我们可以把鸟类产出的所有可能的音符序列都写下来。回想一下图4.3（中间部分）所展示的来自一只孟加拉雀的具体实例，它展示了人类研究者将鸣声的语谱图"切分"成音节，并标记为a、b、c、d、e等，直到j。图4.3的底部展示了这一鸟歌对应的线性转换图，旨在能够捕捉鸟类能够产出的音节序列。类似a、b、c这样的字母，对应语谱图中同样的"切分"标签。

在类似这样的一个有限状态转换网中，即使是任意的、很长的、类似环状的鸣声也有琐碎的重复性特性，这一点比人类语言要简单得多。即使是在这样的情况下，我们也并不完全清楚鸟歌是否是"有限手段的无限使用"，因为不确定的重复在鸟歌行为学语境中未必起作用。（虽然在许多案例中，重复作为向雌性展示自己的强健的指标起到一定的作用，但是有71处重复与70处有什么不同尚不清楚。）此外，这些重复比人类语言句法简单得多。人类语言的声音系统，如纳瓦霍语或土耳其语，显然比鸟歌更富有表达力——它们包含"长距离"和谐依存，也就是说，位于词首的一个声音必须与一个词尾的声音一致（和谐），无论这两个声音中间的声音长度是多少。后者这种长距离"和谐"在鸟歌中也得到了证实，还有一些新的研究表明一些长范围的相关结构可能存在于金丝雀鸣中（Markowitz et al. 2013）。如果的确如此的话，那么鸟歌仍然是遵循海因茨和伊萨尔迪所描述的两条严格限制。

我们已经提到过几次，非常重要的一点是，鸟歌绝不会比这更复杂了。在鸟歌中我们发现了线性语块——一个颤音-啾啾（warble-tweet）序列可以被"切分"为感知或产出的单一单位,称为主题音,由于主题音可以重复,因此没有发现存在主题音包含其他主题音——例如,一个唧啾-啼嗪组合自身又被包含在一个颤音主题音中。[12]

借助贝里克和皮拉图(Berwick & Pilato 1987)的研究,冈上和生(Kazuo Okanoya 2004)展示了鸟歌能够通过一种网络来描写,因此证实了成年鸣禽能够通过非常有限模式的鸣叫示例从而高效地"教"会雏鸟鸣叫,也就是我们所说的"有界语境"。这种网络被称为 k-可逆有限状态转换网,得到的鸟歌字符串即是 k-可逆有限状态转换网语言。直观上,k-可逆性意味着在任何一个状态下,任何非确定性的选择都能够通过查看 k "音节语块"的局部后方的语境得以解决。这一限制的效率部分意味着雏鸟可以通过计算上高效的数量的例子进行学习。那么,在这种情况下,这一限制解决了语言学上有关鸣禽的一个经典问题之一:"语言知识"(这里是指鸟歌)是如何获得的?如果上述结果是正确的,那么在鸣禽的例子中,显然这一问题可以通过限制习得的语言类别而得到回答。雏鸟在学习鸣叫时的一个已知信息是,它们所习得的鸣叫一定来自于 k-可逆语言中的一种。(也许鸟歌还有除此之外的其他限制,但目前还尚不明确。)

我们有关鸟歌以及其他非人类动物能力的观点对演化全景有怎样的贡献?如果非人类动物几乎能够做任何我们能做的事情,这一近似性则只有一处显著的非连续性——即合并——这在一定程度上解决了达尔文和华莱士面临的关于语言演化的难题。例如,费奇(Fitch, 2010, 327-328)发现灵长类动物的听觉和声音系统看起来本质上已经是"为语言做好准备的":

> ……没有令人信服的证据能够表明,言语感知机制仅限于言语声音并且是人类听话者所独有的,目前比较安全的假设是,言语感知是建立在与其他动物共有的感知加工机制上的。它们之间的细微差别看起来并不代表在感知言语声音上存在主要阻碍,也不会成为早期人科言语的演化的巨大障碍。……我

断定，非人哺乳动物的听觉感知足以完美地适用于感知言语，并且哺乳动物的声道解剖学结构也足以使它们产出各种感知上不同的声音，对于基本的口语交流系统来说是足够的。

基于这一发声学习与产出的"语言准备就绪性"，如果灵长类的大脑已经被"调音"至具有语言的语音甚至是音位特征，那么，人类婴儿能够从噪声中提取与语言相关的材料，类人猿却只能听到噪声，于是我们立刻就具有了一些人类婴儿独具某种内部加工的证据，这在其他灵长类动物中是没有的。我们暂时将这一谜题置之一旁。

那么鸣禽是否有合并呢？如前所述，鸣禽无法在其鸣叫声中使主题音中包含主题音，也就是说，一个啭鸣–啁啾（warble-tweet）主题音本身不可能被标记为，比如说，一个啭鸣。同样也没有可信的实验证据表明鸣禽能够被训练到可以"识别"合并产生的层级模式。所有那些想要使复杂的发声学习者（例如孟加拉雀或欧洲椋鸟）学习非线性的或层级模式的尝试，都以某种方式失败了，贝克斯等（Beckers et al. 2012）做过讨论。训练鸟类使其能够成功完成任何一种"人造语言"的学习任务，通常需要数千个刺激/奖励的试验。当然，这其中不存在向任何概念–意向接口的映射，而仅涉及外化，外化位于语言的边缘。

这一重复的失败模式也存在一个例外——至少乍一看是这样的——来自于阿贝和渡边（Abe & Watanabe 2011）的研究，他们对孟加拉雀真实的鸣叫声稍作修改，对它们进行训练，并且只用了六十分钟使它们对测试语言进行熟悉。鸟类被暴露在以 $A_2 A_1 C F_1 F_2$ 或 $A_2 A_3 C F_3 F_2$ 等形式出现的音符模式中，旨在观察鸟类是否能够区分合法与不合法的"嵌套"句子。此处，A 与 F 的下标代表它们必须以某种方式，某种特定的顺序相匹配，C 是一个标记模式的中间位置的音符。需要注意的是，正确的模式并不能通过有限转换网生成——如果这一模式被准许能够具有任意长度的话。（如果模式足够短，则能够被记忆。）之后，他们测试了鸟类是否能够识别出正确的模式与不合法的模式之间的差异，如 $A_3\ A_2\ C\ F_2\ F_4$。阿贝和渡边声称，它们成功完成了这项任务——鸟类能够识别超越简单的线性串联的模式，即层级模式。

然而，阿贝和渡边对于实验材料的构建不够妥当。事实证明，鸟类同样能够在不使用任何底层结构计算的情况下记忆五个音节的字符串。这足够它们将正确的和错误的音符模式区分开来（细节参看 Beckers *et al.* 2012）。这一方法上的问题可以通过对实验材料更谨慎的构建得以解决，但目前为止，必要的、经过修正的实验还没有进行过。那么，简言之，目前完全没有可信的证据表明鸣禽能够进行任何超越那些可以通过 *k*- 可逆有限状态计算得以表达的"外化"计算，它们只能够进行"外化"，而"外化"显然不是语言。这在一定程度上回答了我们在侦探小说人物中有关"谁"的问题。毫无疑问，不是鸣禽。

那么其他非人类动物呢？与我们最接近的近亲，即非人灵长类动物，一直以来被认为是好的候选者。然而，令人意外的是，事实证明它们与鸣禽具有同样的限制。例如，有几个广为人知的"教"黑猩猩人类语言的尝试。其中最有名的就是 Nim 课题。哥伦比亚大学的研究者尝试教 Nim 学习美国手语。他们失败了。事实上，Nim 能够学会的美国手语只是一些机械背诵——（短的）线性符号序列。它从来没有进展到能够产出嵌入的，明显有层级化结构的句子的程度，而这一点每个正常的孩子在三四岁时就已经能做到了。（我们简要来看一下如何从形式上判断这一点。）如果 Nim 想要一个苹果，它需要把它目录中所有和苹果有过关联的个体符号全部过一遍，提取 Nim 苹果、苹果 Nim、苹果刀，等等——如它的照料者之一安妮·佩蒂托（Anne Petitto 2005, 85）所说，它会"建构"一个它最熟悉的"单词"的"杂货清单"。Nim 无法和一个三岁儿童达到同样的句法能力水平；它的产出中没有任何可证实的层级结构。

但是 Nim 习得的"语言能力"甚至比这还要糟。佩蒂托进一步观察到，Nim 并没有真正地学习单词，甚至也没有人类对于"苹果"的概念。

对于 Nim 来说，一个"苹果"就是一个与抽屉里切苹果的刀相关联的一个客体，是能找到苹果的地点，是上一个给他苹果的人，等等：

> 黑猩猩使用单词的方式与我们完全不同。……尽管黑猩猩可以在实验中被训练得能够对相关物品使用标签——（例如说在面对红苹果或者绿苹果时使用符号标签），但儿童习得这些内容毫不费力，且不需要通过明晰的训练。……与人类不同的是，黑猩猩使用标签的方式看起来很大程度上依赖于相联性这一总括概念。一只黑猩猩可能会使用"苹果"这一个标签指称吃苹果的动作、存放苹果的地方、恰好与苹果储存在一起的其他物体的位置或相关事件（例如用来切苹果的刀）。以及等等——它们会同时被赋予同一标签，没有明显的对于相关差异的识别，也不具备能够区分它们的优势。即使年幼的人类儿童习得的最初的单词也是以一个类别-概念上受限的方式使用的。……令人惊奇的是，黑猩猩完全不具有"事物的名字"。它们只有五花八门的松散的相联性，没有乔姆斯基类的内部限制或范畴，以及管辖它们的规则。事实上，它们从来没有习得人类语言中"苹果"这一词汇。(Petitto 2005, 85-87)

如果我们考虑一下这一现象，看起来黑猩猩是纯粹的"相联性学习"的绝佳例证——它们拥有的是具体的外部刺激与它们的符号之间的直接联系。它们看起来并不会以某种依存于心智的方式来看待它们所看到的苹果，如我们在第三章中讨论到的。相反，它们存储的是外部世界的物体与美国手语符号之间的一个明晰的、独立于心智的关联列表。这与类似人类的语言能力相差甚远——黑猩猩既没有人类具有的合并，也没有类似词的成分。如果事实的确如此，那么黑猩猩也被排除在我们的侦探小说的人物之外了。

但是，我们如何确定是"谁"？直到最近，这一点仍然没有完全清楚。然而，幸好我们可以找到 Nim 的美国手语互动的记录——因为这是一个美国国家科学基金会项目，档案记录是赋予基金的条件之一。[13] 大约两年前，宾夕法尼亚大学的查尔斯·杨（Charles Yang）得到了这些材料，并用信息-理论方法分析了这些数据，一次性解决了有关 Nim 是习得了相当于两到三岁的人类儿童的句法，还是说仅仅建立起了记忆杂货清单的问题（Yang 2013）。

那么杨的测试是怎样的？他的构思很简单。如果你是一个人类儿童，那么你能够很快学会的是我们称之为功能词汇（比如 the 或 a）与实义词（如 apple 或 doggie）的结合。因此儿童能够说 the apple，也能说 a doggie，或者 the doggie。这相当于从两个范畴中独立地选取单词，这也正是我们想要预计的儿童是否会遵循规则，即一个两词的名词短语是一个功能词后接一个实义词。在这种独立选择的情况下，我们可以预计不同句子具有高度多样性，因为这两种选择可以覆盖到儿童知道的所有单词，与它们的频率无关。相反，如果儿童仅仅是记忆了两词的模式，那么儿童则只会把它们当作是一个两词的语块进行"回放"，而不是从功能和实义词中的自由选择——两个单词则会相互依附，我们将很少能看到新的单词组合——多样性将会减少。现在我们拥有了测试儿童是遵循规则还是仅记忆的一块试金石：如果句子多样性高，则表明是遵循规则的行为；如果多样性低，则表明是记忆。现在我们可以查看儿童与他们的照料者的对话的真实转写，数出那些两个单词的例子，并与 Nim 的两个单词的符号对比。谁遵循规则，谁只是记忆呢？

为了检测多样性差别，杨把基于规则的两词产出的预计频率与实验测量得到的儿童与 Nim 的产出绘制成了图表。如果儿童或 Nim 使用了规则，那么我们预计实验频率与预计频率基本相等，因此结果将会从原点处呈 45 度的直线。这正是杨在二至三岁的儿童的句子的多样性中所发现的结果，年龄稍微大一点的儿童也是得到类似的结果。这一结果同样也适用于成人语言的标准语料库，如布朗语料库（Brown corpus）。儿童与预期多样性的相关性达到了 0.997。相反，Nim 的美国手语两词的产出远远低于 45 度线这一关键性测试，表明了它低于基于规则的行为的预期频率——也就是说，它的多样性更低，这是表明它是记忆的两个符号的结合的一个预警。据我们所知，佩蒂托是正确的：Nim 只是背诵了杂货清单。至少对我们来说，这是关于黑猩猩的语言研究的板上钉钉的最后一击。无论使用怎样的模态，黑猩猩都无法像人类那样使用语言。我们可以将它们排除在"侦探小说人物"的名单之外，尽管它们在其他方面有着明显的认知天赋。

在何处以及何时？

如果基本特性的确是基本的，那么它首度于何时出现在何处？我们在第三章指出，据各方面记述，基于心智的类似词的成分的起源仍然是一个巨大的谜题——对于每个人来说都是如此，包括我们。在近期的一本语言演化的书籍中，彼克顿（Bickerton 2014）同样表示对此不得而知。尽管我们没有办法确认，但我们可以推测，至少一部分成分是先于合并出现的，否则将没有材料可供合并使用。（第一章指出了在两者之间的另一种看法，由贝里克 2011 年提出。）同样，对于合并出现的确切时间也难以得到答案，如莱旺廷（Lewontin 1998）所说。关于语言，我们只能遵循一些间接的指标，考古方面的证据都是高度推断性的。有本教科书引用了下面的公式作为行为现代化的识别方法："五种 B 行为：刀片（blades）、串珠装饰（beads）、掩埋（burials）、骨制的工具制作（bone tool-making），以及美（beauty）"（Jobling *et al.* 2014, 344）。

如果我们依靠没有争议的符号行为的证据来作为语言的判断指标，那么我们也许可以把布隆伯斯洞穴（Blombos Cave）的南非手工艺品——几何形状的赭石雕刻和串珠——也看作是提供了语言出现的合理时间和地点的证据，与其他证据一样，也就是说，大约在 8 万年前，就在那个地方。如第一章所描述的，人科形态变化的出现与相关行为或技术的转变之间看起来存在一个巨大的"断层"——新科技与行为的出现总是发生在新的人科变种形成后，又经历了一长段时间的静默之后。因此，对于"何时"的问题，我们可以确定为位于下面两个时间点之间：约 20 万年前在南非，解剖学上的现代人的出现，至约 8 万年前，行为学上的现代人的首次出现。而后，约在 6 万年前发生了非洲大迁徙，完全现代化的人类扩张至整个旧世界，随后又抵达澳大利亚。[14] 这期间，语言官能没有任何深层变异，这也指向了同一个结论。如果一个来自巴布亚新几内亚部落（一个 6 万年没有和其他人类有过接触的部落）的人类婴儿从出生就在波士顿长大，我们是否有理由怀疑他与波士顿当地的儿童会有什么不同？我们无法查明他们之间会有任何差别。在第二章的注解 1 中，斯特宾斯（Stebbins）有关特奥多修斯·多勃赞斯基（Theodosius Dobzhansky）和恩斯特·迈尔（Ernst Mayr）的故事就是这个实验的一个现代版本，近期的基因组成果也基本表明了一致的结论。[15]

那么，对我们来说，人类语言和基本特性一定是在这两个确定的时间点之间出现的，也就是说，最早于 20 万年之前，最晚于 6 万年之前，但是，基于 8 万年前的布隆伯斯洞穴的符号证据，它们的出现很可能远远早于非洲大迁徙。诚然，随着其他证据的出现，它们的出现时间可能会再往前推一些，也许距 20 万年前这一时间更近。这与简·艾奇逊所绘制的时间线相差不远，在她的《语言的种子》（Jean Aitchison, *Seeds of Speech*, 1996, 60）一书的图 5.4 中，她声称，"也许大约在［距今］10 万年前与 7 万 5 千［年］之间的某个时段，语言到达了一个复杂化的关键期"——尽管她的起点时间更早，大约在 25 万年之前。

尼安德特人是如何融入这一图景的？第一章提到，对于这个问题的回答较富争议，因为相关证据都是高度推断性的。前面提过，以前把我们与尼安德特人的分离追溯至大约 40 万至 60 万年前之间，并且显然尼安德特人在此之后不久就移居至欧洲，因此，据我们所知，这意味着从解剖学上的现代人在南非的出现，一直到布卢姆伯斯洞穴，都是在没有尼安德特人的情况下发生的。人们对在西班牙埃尔西德隆洞穴（El Sidron Cave）中发现的尼安德特人标本进行了分析，以检测他们的 *FOXP2* DNA 中是否包含同样的在现代人中近期衍生的两处改变（Krause *et al.* 2007），埃纳尔德等（Enard *et al.* 2002）声称，这两处改变在人类中是由于正向选择而产生的。（别忘了这跟与 *FOXP2* 损伤相关的失语症的那类改变无关。）由于埃尔西德隆洞穴中的尼安德特人的标本大约要追溯到 48,000 年前（Wood *et al.* 2013），这一时间是在现代人到达西班牙之前，那么，通过现代人类与尼安德特人交配从而造成现代 *FOXP2* DNA 发生基因流动至尼安德特人身上的这种可能性基本可以排除。至少从这点上来看，埃纳尔德等所记录的衍生的人类 *FOXP2* 变体是与尼安德特人共有的。

但是，尼安德特人是否也具有人类语言，尤其是基本特性与人类语言句法呢？这一点并不清楚，但是在尼安德特人中并没有发现明确的证据表明他们具有丰富的符号生活，即与 8 万年前的智人相关的那种符号生活。基于尼安德特人的古 DNA 证据，能够产生人类与尼安德特人共有的衍生变异（derived variation）的选择性清除，其出现的时间要早于现代人类和尼安德特人的共同祖先出现的时间，估计在距今 30 万到 40 万年之前，远远早于埃纳尔德等（Enard *et al.* 2002）所计算出的这一选择事件所出现的时间。还有一些其他不一致的地方；回想一下在第一章中，柏保主张在 *FOXP2* 演化全景中至少存在两个分离的且相隔甚远的事件。玛丽奇卡等（Maricic *et al.* 2013）声称尼安德特人和人类的 *FOXP2* 在一个功能上非常重要的调控片段上有所不同，而不是埃纳尔德等（Enard *et al.* 2002）主张的选择造成的 DNA 编码区域的差异。问题是，如果人们采用传统理论，那么随着向过去追溯至 5 万到 10 万年更久远的时间，选择的"信号"很快便消失了。因此，这些发现能否推断出选择，以及能否预估选择的时间，都仍存在争论。周等（Zhou *et al.* 2015）提出了一个新的理论，在克服种群规模中的（未知）波动的同时仍然选用正向选择，但这一方法还有待证实（参看第一章注解 10）。简言之，我们赞同演化基因组学家、统计学家尼克·帕特森（Nick Patterson）的观点，他一直参与博德研究所（Broad Institute）的古 DNA 研究，他认为（个人通讯）：目前还不存在没有争议的标志能够证明，约在尼安德特人与最终成为我们祖先的主要人科世系分离的这一关键期时发生过选择。许多均为干扰信息。

此外，如前所述，人类与尼安德特人之间的关键发育神经系统基因也存在差异。索梅尔、刘和哈伊托维奇（Somel, Liu, & Khaitovich 2013, 119）提到，"越来越多的证据表明，人类大脑发育是在人类-尼安德特人分离与现代人出现之间的一小段时间中，通过几件基因事件而彻底重塑的。"情况是这样的，一些调控改变导致了人类增长的幼态持续（neoteny）和与尼安德特人不同的颅骨发育轨迹（Gunz et al. 2009），人类的大脑发育历经一个更久的童年时段，最终会发育得比尼安德特人的大脑更似球形。关于最后一点我们很感兴趣，因为虽然尼安德特人的大脑平均比现代人的大脑更大，但是他们颅内容积的分布却是不同的：尼安德特人具有很大的"枕骨包"（occipital bun）——即头后部突出的那一部分——而现代人类则不然；人类颅容积的增长则移到了大脑的前部。有人声称，这也指向了尼安德特人与现代人的差异，尼安德特人的大脑质量更大，能够用以进行视觉感知和工具使用（枕骨包）（Pearce et al. 2013）。

如果我们转向语言的可能指标，情况则更加模糊不清。关于复杂的石器工作、火的掌控、服饰、赭石，以及类似的任务需要语言的这些观点只不过是一种断言。我们可能具备所有这些能力，但并不意味着由于尼安德特人也具有这些能力的一部分，因此他们就一定与我们共享所有特征。让我们考虑一下曾提到过的三个"B"的符号活动的证据：掩埋、串珠装饰与骨制工具。人们其实可以以任何希望的方式来解读"掩埋"的证据。但没有任何物品能够可信地被界定为尼安德特人的"殉葬品"。更有说明意义的是，在我们所考察过的每个地方（萨法赖阿、埃尔西德隆洞穴，等等），都发现了尼安德特人以极其冷漠、平常的方式将彼此作为食物吃掉的情况，但他们却不认为这一行为有什么大不了的，甚至还会使用人类颅骨来制作工具。

有人认为，以石器挂坠形式出现的符号活动的证据来自于阿尔西的沙特佩龙尼亚洞穴（Châtelperronian）。但是，这些证据与尼安德特人的遗迹，主要是他们的牙齿，以及位于屈尔河畔阿尔西（Arcy-sur-Cure）的沙特佩龙尼亚层之间的联系近期受到了质疑，因为有证据表明这可能是考古沉淀物的混合（Higham *et al.* 2011）。这预示了沙特佩龙尼亚文化很可能与旧石器时代末期（Upper Paleolithic）一样，是现代人的产物，在这些分层中出现了一些尼安德特人的遗迹并不能代表是尼安德特人制作了沙特佩龙尼亚手工艺品（Pinhasi *et al.* 2011；Bar-Yosef & Bordes 2010）。梅拉尔斯（Mellars 2010, 20148）明确地总结了这一模棱两可的情况：

> 然而，来自雷恩洞穴（Grotte du Renne）的新发现带来了一个重要且必然的启示，这一表明了在欧洲晚期的尼安德特人种群中出现过复杂的"符号"行为的唯一的、最显著的、迄今为止被引最多的证据，如今已经彻底瓦解了。那么，是否还有其他进一步的证据能够令人信服地表明这种先进的、明显的符号行为出现于欧洲任何一个尼安德特人的生活地区仍有争议。……在这种情况下，一个必须被提出的关键问题是，如果明晰的符号行为的使用是欧洲尼安德特人文化和行为模式中不可分割的一部分，那么，为何在尼安德特人占领欧洲的 25 万年间，在这样一个范围相当大的、极为不同的环境中，以及跨越 2000 英里的地理空间中，却很少发现真实的（甚至是声称的）证据能够表明确实有符号行为的发生。

由于证据仍存有争议，我们的观点是，目前我们还没有理由转向更激进的结论，认为尼安德特人具有类似基本特性的东西，甚至具有符号性语言的雏形。

我们能否使用当代种群遗传技术，通过观察一些牵涉到的基因，从而估算语言出现的时间呢？这正是埃纳尔德等（Enard *et al.* 2002）在 *FOXP2* 实验中所使用的方法，即为"选择性清除"建模（见第一章注解 10）。他的思路是这样的。选择漂白了 DNA 变异。这正是一个滤网的作用：对熔渣中初步的黄金混合物进行筛选，以至于只有金子最后留存下来。现在，偶然附着在黄金上的冗余灰尘能够以搭便车的形式被"清除"——即位于强选择区域两侧的染色体区域。因此，在一个回合的选择结束时，我们可以预计能够发现一个比较统一的、没有变异的 DNA 片段位于选择的中心（也就是金子），在选择区域的两侧分别有低变异的存在（与金子一起被清除的"搭便车者"）。随着时间的推移，一代接一代，这一紧紧围绕着被选择区域的低变异区的统一区域，将由于性别重组这一正常过程而以固定的速度衰减——它是一个减数分裂的过程，从一位亲代的染色体上截取一段 DNA，并把它粘贴至从另一位亲代中获得的 DNA 上。被选择的区域自身并不会分裂，至少这是不可行的，因为它需要保持完整的片段以确保其功能性（任何被分裂的染色体片段都会在接下来的少数几代中消失）。这一结果也就是位于被选择的染色体区域两侧的、先前清除的统一区域的钟表式的衰减。这一切使得变异中可观察到的衰减以一种能够预测的模式出现，如今我们可以对它进行测量。我们可以使用这些测量方法去向后推测，计算自选择起所需历经的代数，对重组造成的衰减速度做出假设，对选择的原力进行一定的预估，以及推算可能的种群变化（因为增长、衰减或迁徙都可能会改变整个种群的 DNA 变异）。这些并不令人意外——这些都只是概率性模型的演练而已，因为我们无法确定选择力，重组速度和种群变化。

那么，总是有干扰因素的存在，最好的方法就是采用统计估算。我们最终能够得到选择时间的一定预估区间，过去的代的数量，以及在这一区间内我们的置信度。这一区间经常比较大，反映了我们对于选择的值等因素没有确定性——埃纳尔德等（Enard et al. 2002）对 12 万年前 *FOXP2* 的选择性清除进行了预估，他的置信度区间很可能达到了 95%。

近期，费奇、阿比伯和唐纳德（Fitch, Arbib & Donald 2010）提出将清除计算作为检测语言演化的假说的一个普遍方法。他们提议，我们可以计算与构成语言基础的基因相关的选择性清除的不同时期，首先计算 *FOXP2*，以及接下来的其他很多个基因，并构建出一个候选基因列表，如我们在第一章中讨论到的那样。举一个例子，他们指出，如果负责发声学习的基因更早地被"选择性清除"，而"心智理论"的基因清除较晚，那么我们就可以使用这些清除的预估时间来对相关理论进行判断，并可以分辨假设发声学习先出现的理论比假设"心智理论"先出现的理论更符合选择性清除的事实。自然而然地，像他们所强调的那样，每一个假定模型的背后最好都有一套备选基因，以及每个基因的选择性清除的预计时间。

至少对现在来说，似乎这一理论要想得到认可是困难的，尽管我们当然也无法确定。一方面，库普（Coop）和普沃斯基（Przeworski）提到（Jobling 2014, 204），由于原则性的原因，强选择性清除看起来相对罕见。选择性清除并不会选择所有有趣的适应性事件，甚至也不会选择其中的大多数。除此之外，随着时间的向后追溯，选择很容易消失，它对于DNA变异的效应也会由于移民、种群混合、扩张或紧缩这样的人口统计效应，以及性别重组等作用而变得更加模糊。周等（Zhou *et al.* 2015）新引介的方法也许可以克服一部分困难；但目前下这样的结论还为时过早。我们遇到了一个最为困难的瓶颈：正如他们已经意识到的，这一方法假定了我们对由于基因交互所产生的一个特定表型已经有了非常好的理解。

总结一下，我们对于"何时"以及"何处"的最佳预估是，大约在20万年前，解剖学上的现代人首次出现于南非，到约6万年前他们从非洲进行了最后的大迁徙，这之间的某个时间（Pagani *et al.* 2015），但很可能是在8万年前。之间留给我们大概13万年的时间，或者从演化性改变的视角，大约有1200～1500代的时间。它并不像有些人（错误地）推断的那样突然发生于"一代之间"——但是它也不需要以地质时间为刻度。下述的时间足够了——大约是尼尔森和佩尔杰（Nilsson & Pelger 1994）估算的一个单细胞完全演化成为脊椎动物的眼睛所需要的时间，甚至无须涉及任何"演化发育生物学"的作用。

如何？

在这个侦探小说中，我们还剩下最后两个问题：如何以及为何。在这一部分，我们将给出有关"如何"的（推理性）答案，并在结语部分着手讨论"为何"的问题。

由于我们并不了解基本特性是如何在神经循环中实现的，那么"如何"这个问题则必须是推断性的。事实上，我们在讨论"什么"时也强调过，我们对于任何类型的认知计算的可能实现范围都仍不具备良好的理解。而我们对于语言学知识或者"语法"是如何在大脑中运行的更是知之甚少。我们应该认识到，即使是在一个更简单的情况下，例如，我们对哪些昆虫必须计算导航路线有着较为完整的理解——罗盘方向与路径整合——甚至是通过一些不可能在人类中进行的实验和基因控制来完善我们的理解，但我们仍然无法得知实现计算的具体细节（Gallistel and King 2009）。

我们权且先将这些真实的顾虑搁置一旁，仍然采取推断的方法，因为研究者已经掌握了一定的语言神经生物学的知识，即使是一个推断性的提纲也很有可能能够带来富有成效的探究。我们将会延续弗里德里齐和同事的研究（Friederici 2009; Perania et al. 2011），他们通力合作将现代语言学的见解与大脑结合了起来，我们也采用了迈克尔·斯凯德（Michael Skeide）的批判性见解（个人通讯）。平克和范德莱利（Pinker & van der Lely 2014）在近期的一个综述中整合了弗里德里齐和同事们的研究，提出了许多相同的观点。

然而，在开始之前，我们想简短说明一下，有一条路是我们在回答"如何"的问题时不会遵循的——一条常有人走的路。如果我们假设合并与其他的先前的计算能力一模一样，或者合并依附于其他先前存在的计算能力之上的话，那么，回答合并是如何产生的这个问题则非常"简单"。我们已经证明过第一个选项——也就是博恩克塞尔-施莱索斯基，弗兰克以及其他许多人所采用的方法，他们认为人类语言"就像"普通的序列加工——这看起来不太可能。而依附于其他计算能力的这一选项——这样的理论有很多。对于其他人来说，合并的出现与我们以上的讨论毫无关系，相反是除此之外的几乎其他所有东西：层级性的肌动规划；手势；音乐；前谷歌时代的复杂导航或其预演；复杂的食品贮藏；思想的组合性语言；人类规划中的质性区别；打结；甚至——我们并不是在开玩笑——烤土豆。（这个故事是，只有人类获得了更多的基因拷贝，创造出了酶，使得我们能够更好地处理所消化的煮熟了的淀粉，而其他动物则没有，这个能力继火的发明之后，进一步助长了大脑的扩张；参看 Hardy et al. 2015。）我们并不相信这种观点。

请记得，合并使用了下列组分：（1）合并操作本身，一个基本的组合性操作；（2）类似词的成分或先前建构好的句法表征；以及（3）计算发生的计算工作区域。这些是在大脑中的什么地方发生的？

传统意义上，被认为是布罗德曼分区（Brodmann area）的 44 区和 45 区（布罗卡氏区，在图 4.4 中被标记为 BA 44 和 BA 45，位于大脑的背侧）的大脑区域与句法计算和其他功能性能力的缺失（布罗卡氏失语症）相关。元分析表明，44 区，即额下回岛盖部，是参与句法加工的，而其他区域则不然（Vigneau et al. 2006），但是这一系统明显地比这更加精细。第二个著名的与语言相关的区域位于大脑的腹区，即图 4.4 中的绿色部分——韦尼克区（Wernicke's area）。自 19 世纪以来，我们已经了解到这些与语言相关的区域是通过主要的白质纤维束连接的（Dejerine 1895）。我们（推断性地）提出，类似词的成分，或者至少是合并所使用到的它们的特征，以某种方式存储在中央颞叶皮层中作为"词库"——不过，我们在第一章中已经提到过，我们尚不清楚记忆中的东西是如何被存储和提取的。

如今，扩散张量成像（diffusion tensor imaging）提供了有关连接这些区域的白质纤维束的附加信息，以及与非人灵长类动物的发育和对比的提示性证据。从这些信息可以看出，一个要求演化分析的图景逐渐出现了，这与我们前面提到的合并的各个方面是一致的，正如斯凯德所认为的那样。

图 4.4 展示了一个连接成年人大脑中与语言相关的背侧区域和与语言相关的腹侧区域的长范围白质纤维束的位置。

如佩拉尼亚等（Perania *et al.* 2011, 16058）所观测到的，存在两条背侧通路，"一个连接中部至后部的颞上回皮质和前运动皮质［图 4.4 中的紫色部分］，一个连接颞叶皮层和布罗卡氏区［图 4.4 中的蓝色部分］。事实［表明］，［这］两者也许有着不同的功能，前者支持听觉至肌动的映射……而后者支持句子句法的加工。"还存在两条腹侧通路，连接假定"词库"存在的区域和前背侧区域。我们的观点是，这些背侧与腹侧的白质纤维束共同构成了一个完整的"环"，它将词库里的信息运送到背侧区域处供合并使用。最关键的一点是，白质纤维束"环"必须位于正确的位置以确保句法加工能够运作。

一些提示性的发育证据表明，句法加工需要这样的成分。图 4.5（引自 Perania *et al.* 2011）展示了随着时间的推移，这些白质纤维束是如何从新生儿到成年人中成熟起来的。图 4.5 的版面 A 展示了成人左脑和右脑中的连接，而版面 B 则展示了新生儿大脑中的连接。在成人中（版面 A），连接腹侧到背侧的"环"是完整的，其中绿色、黄色和蓝色部分代表了腹侧与背侧的纤维束连接。然而，新生儿刚出生时（板块 B），蓝色连接是缺失的；它们还没有髓鞘质。它们是与布罗卡氏区域的连接。这种情况就好像是出生时，大脑还没有很好地被"布线"以至能够进行句法加工。这些白质纤维束的成熟以及开始具有功能性大约发生在二至三岁，与我们所了解的语言的发展时间相一致。相反，如我们在本书伊始所看到的，在儿童出生时，负责听觉加工的束已经具有功能性，并且在一岁时儿童就已经习得了他们的语言的声音系统。

对比性证据显示的是同样的基本情景。图 4.6 展示了一只旧大陆猴（Old World monkey），即猕猴（macaque）的大脑中对应的白质纤维束。需要特别指出的是，它的上部缺少从背侧到腹侧的，位于标记为 AF 与 STS 纤维质之间的完整的环。这两个纤维质非常非常接近于连接彼此。然而如俗话所说，功亏一篑。

在黑猩猩的大脑中情况也是如此。我们大胆地推测，以及根据人类的发育证据，这表明了一个经过完整布线的，类似词的原子与合并的工作区域的"环"对于基本特性的实现来说是必需的。

这对演化来说意味着什么？它很可能是一条真正的"缺失的连接"。我们无法确定情况是否的确是人类句法需要一个完整布线的"环"，如果的确如此的话，那么关于"大脑进行小的重新布线"，导致了一个具有合并的完整的工作句法系统这一个观点看起来就不会有太大偏差。生长因子中一个小的基因组改变，比如说，其中一个纤维质的改变，以及合适的纤维束的引介，可能就足够了，当然时间也是充足的。这与雷默斯和费舍尔（Ramus & Fisher 2009）的观点一致，即这一类别的一个小的神经变化可能会导致大的表型后果——并不需要许多演化，也不需要那么多时间。

为何？

关于这一谜题，我们还剩下最后一个问题，也是华莱士非常感兴趣的问题：为何？为什么人类具有语言？我们在整本书中已经强调过几次，我们认为语言不是"交际"所驱动的。还有人提出，驱动语言出现的是规划、导航、"心智和其他心智理论"，以及类似的动因。在我们看来，这些都可以归入语言作为"内部心智工具"的阵营中来，它们均属于概念-意向接口，在语言中非常关键。我们在第二章和第三章中说明了这一接口具有功能上的优先权。并且至少在起初，如果当时还不具有外化，那么合并将与其他任何助长选择性优势的"内部"性状一样——位于内部，通过更好的规划、推理等。

至少有一些实验证据表明语言确实起着这种作用。史培基和同事做了一系列实验来检测儿童和成人如何整合几何与非几何信息，以及这些信息如何与语言交互（Hermer-Vazquez, Katsnelson & Spelke 1999）。他们采用了如下范式。成人被试将看到一个物体，它放置于一间几何上不对称的、墙壁均为白色的房间的一个角落里。然后，物体会被隐藏起来。被试需要闭上眼睛并转圈，直到他们已经失去方向感。现在，他们睁开眼睛并被要求找到隐藏的物体。所有的被试看起来都能够运用房间的几何不对称性来缩小他们的搜索——如果物体被藏在左侧的长墙，他们则只搜索左侧长墙的两个角落。他们对于这一几何线索的使用显然是无意识的。那么，如果实验者添加了一个非几何线索打破这一对称性，比如说加一面蓝色的墙，那么被试则能够结合几何与非几何的信息，并且直接走向那个藏着隐藏物体的特定角落。

那么儿童会怎么做呢？结果证明，如果儿童在接受测试时还没有获得语言，那么他们看起来无法对墙是蓝色的这一信息进行整合和使用。到了四五岁的时候，儿童基本已经完全掌握了语言，他们就能成功地完成实验。类似地，如果我们让成人被试在寻找隐藏的物体的同时进行"影子练习"的语言任务（"shadowing" language task）——他们必须重复他们正在听的语言文章——那么，语言的干扰会使成年被试的表现降为还未掌握语言的儿童的水平。对于这一行为的一个解释是，除了超出纯粹的记忆负载以外，语言是一个通用语（lingua franca），它使几何与非几何"模块"的不同表征结合在一起，正如一个"内部心智工具"应该做的那样。能够整合多种感知线索并进行推理——便是无处不可居住的动物——将会具有明显的选择性优势。这一性状会遗传到下一代，并且很可能会主导一个小的繁殖群——这正是我们所展望的演化全景。其余部分便是历史了——我们作为现代物种的历史。

最后，我们再引用达尔文（Darwin 1859, 490）一句为人熟知的话，看起来也同样适用于语言演化："无数最美丽、最美好的形式均由最简单的开端演化而来，且仍在演化之中。"

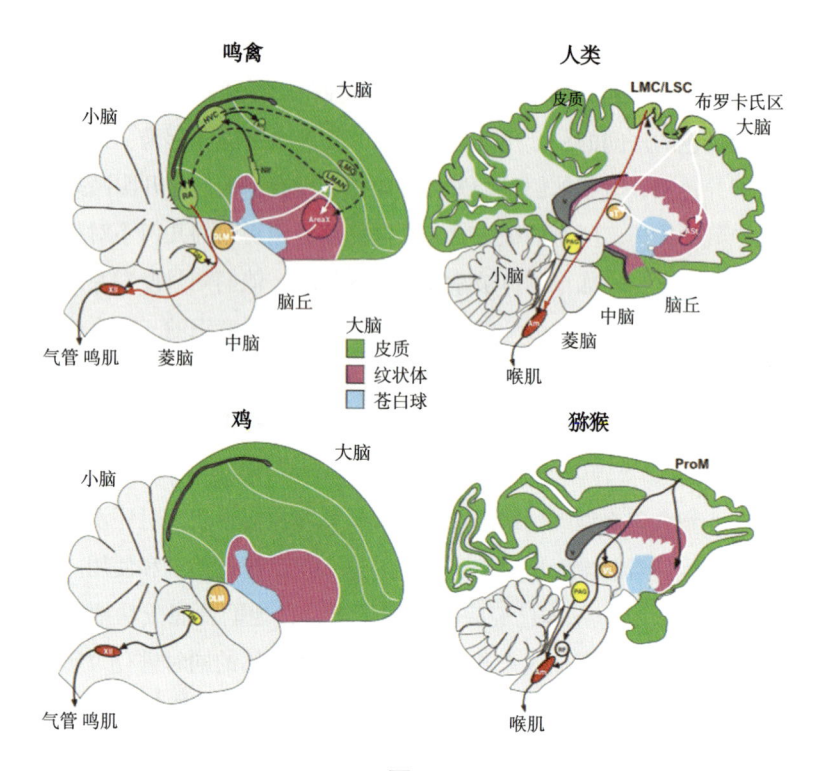

图 1.1

发声学习者与非发声学习者大脑的关系、连接及细胞类型的比较。

上方版块：只有发声学习者（斑胸草雀雄鸟，人类）具有从发声运动皮质区到脑干发声运动神经元的直接投射，如红色箭头所标。缩写：（雀类）**RA = robust nucleus of the arcopallium**（弓状皮质栎核）。（人类）**LMC = laryngeal motor cortex in the precentral gyrus**（中央前回喉运动皮质）；**LSC = laryngeal somatosensory cortex**（喉躯体感觉皮质）。

下方版块：非发声学习者（鸡，猕猴）缺少从发声运动皮质区到脑干发声运动神经元的直接投射。引自 Pfenning *et al.* 2014. Convergent transcriptional specializations in the brains of humans and song-learning birds. *Science* **346**: (6215), 1256846: 1-10. 得到了美国科学促进会（AAAS）的准许。

第四章　大脑中的三角

上回（背侧）
前部（前侧）　后部（后侧）
下回（腹侧）

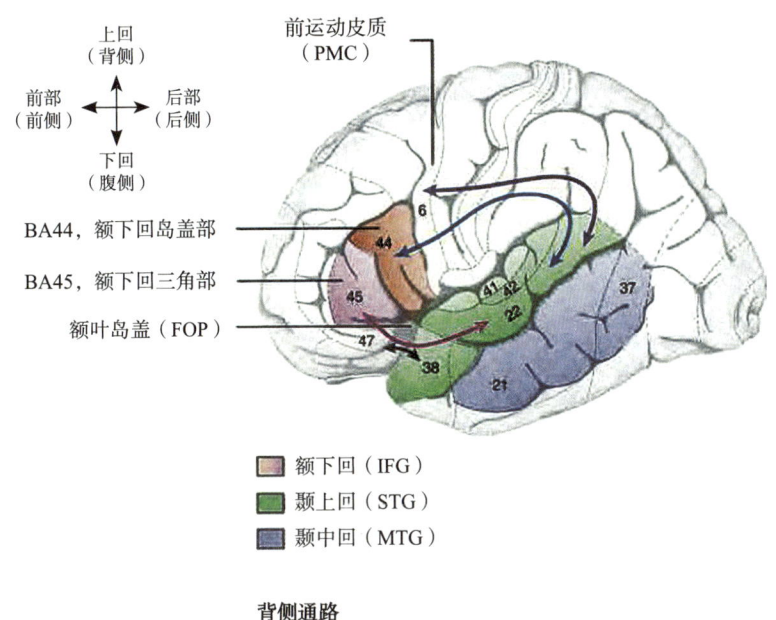

前运动皮质（PMC）

BA44，额下回岛盖部
BA45，额下回三角部
额叶岛盖（FOP）

■ 额下回（IFG）
■ 颞上回（STG）
■ 颞中回（MTG）

背侧通路
■ 颞上回皮质后部（pSTC）至前运动皮质（PMC）
■ 颞上回皮质后部（pSTC）至布罗德曼 44 区（BA44）

腹侧通路
■ 布罗德曼 45 区（BA45）至颞叶皮层（TC）
■ 腹侧下额叶皮质（vIFC）至颞叶皮层（TC）

图 4.4

人类大脑中与语言相关的区域以及纤维连接。

图中所示为左脑。缩写：PMC，前运动皮质；STC，颞上回皮质；p，后部。数字表示以细胞体系定义的布罗德曼分区（**BA**）。其中存在两条背侧通路：一条连接颞上回皮质后部（pSTC）至前运动皮质（PMC）（深红色），一条连接颞上回皮质后部（pSTC）至布罗德曼 44 区（**BA 44**）（蓝色）。连接布罗德曼 45 区（**BA 45**）和腹侧下额叶皮质（vIFC）至颞叶皮层（**TC**）的两条腹侧通路也被认为是与语言相关的。引自贝里克等（Berwick *et al*. 2013）。**Evolution, brain, and the nature of language.** *Trends in the Cognitive Sciences* **17 (2): 89-98.** 得到了爱思唯尔公司的准许。

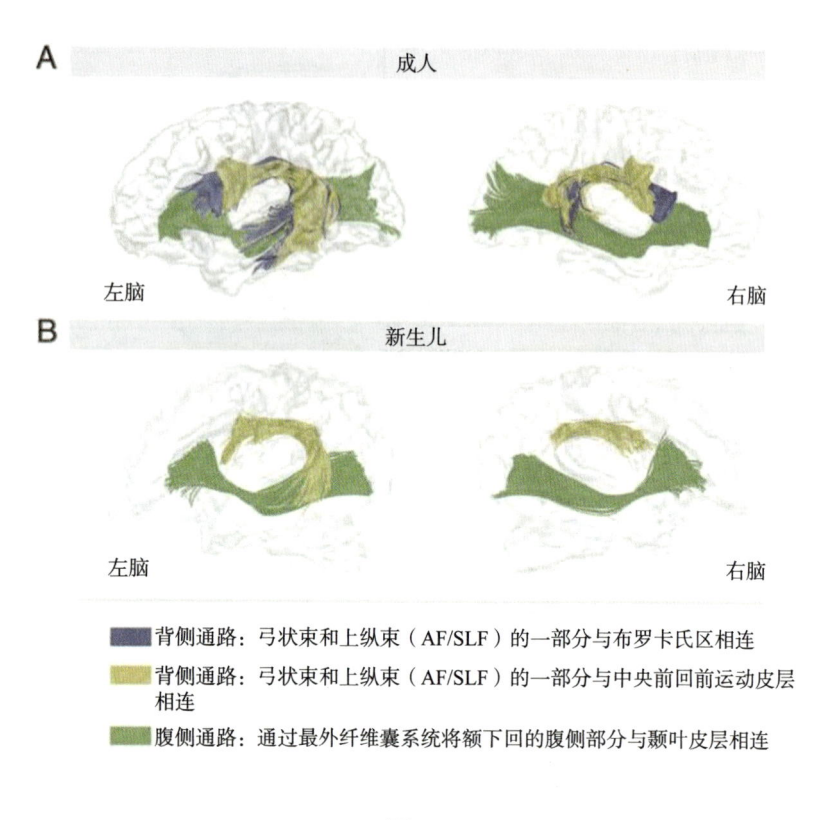

■ 背侧通路：弓状束和上纵束（AF/SLF）的一部分与布罗卡氏区相连
■ 背侧通路：弓状束和上纵束（AF/SLF）的一部分与中央前回前运动皮层相连
■ 腹侧通路：通过最外纤维囊系统将额下回的腹侧部分与颞叶皮层相连

图 4.5

通过扩散张量成像得到的成人与新生儿的背侧与腹侧通路的连接。AF/SLF = 弓状束和上纵束。版块 A：成人左脑与右脑的白质纤维束。版块 B：新生儿的白质纤维束的对应连接。刚出生时连接至布罗卡氏区的背侧通路还没有形成髓鞘质。从布罗卡氏区与中央前回／运动皮层中的种子可以推断出方向性。引自 Pagani *et al.* 2011. Neural language networks at birth. *Proceedings of the National Academy of Sciences* 108 (38): 16056-16061. 得到了 PNAS 的准许。

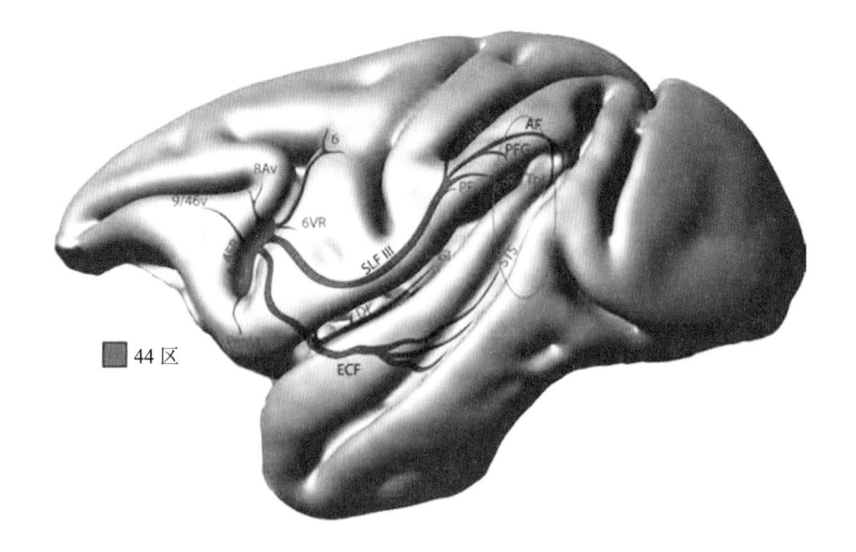

图 4.6

通过扩散张量成像得到的猕猴的布罗德曼 44 区和 45B 中的白质纤维束通路。注意在背侧-腹侧的 AF 通路与腹侧 STS 通路之间有一处间断，即用红色圈出来的部分。引自 Frey, Mackey & Petrides 2014. Cortico-cortical connections of areas 44 and 45B in the macaque monkey. *Brain and Language* 131: 36-55. 得到了爱思唯尔公司的准许。

注 解

第一章

1. 参看 Chomsky 2010, 其中他首次提出一个问题, 即关于语言与心智演化的华莱士难题。关于"达尔文问题"可参看 Hornstein 2009。华莱士 1869 年的文章普遍被认为是他早期对于这一难题的公开讨论之一, 并且他也提出了解决方法, 那就是将语言与心智的起源置于传统生物学达尔文主义的范围之外〔他把这设想为转变达尔文主义（trans-Darwinian）的解决方式〕。这一思路在 Bickerton 2014 中有所提及；本书第一章题目是"华莱士问题"。

2. 新版参看 Berwick 2011。

3. 普遍语法不能与我们所说的"语言共性"混为一谈——语言共性是指在语言中普遍成立的一些观察, 比如格林伯格（Greenberg）提出, 世界上的不同语言之间, 主语、动词和宾语总是以一定的语序出现。语言共性能够提供有关人类语言的非常有价值的数据。然而, 由于这些概括通常都是基于一些表面现象, 因此总会存在一些例外。例外本身对于指引研究的进行也非常有帮助, 科学普遍都是如此。

4. 这一神经生物学的区分确立了发声与非发声动物之区别这一观点, 在 Kuypers 1958 和 Jürgens 2002 之后普遍被称为库伊佩斯-于尔根斯假说。

5. 尤其是这一改变是一个位于 17 号染色体长臂上的、长度为 900 个千碱基的 DNA 的倒位。（这些女性携带的第二个 17 号染色体是正常的, 因此针对这一倒位来说, 这些女性是杂合的。）也就是说, 这一 DNA 并不是以正常的方向排列, 相反, 这一模块是"翻转"的。具有两个正常的 17 号染色体拷贝的女性, 也就是非倒位状态的纯合的女性, 她们的后代数目不会增长。

6. 我们不能直接定义"适应度", 并且, 把达尔文主义的适应度与"繁殖率"的定义等同起来也有许多困难；因此我们加了重引号。细节可参看 Ariew & Lewontin 2004。冰岛研究的作者假设所有后代都具有同等的概率能够自己发育成熟并进行繁殖, 无论他们的母亲是谁。

注　解

7. 例如，我们可以假定任何一个具有"更适应"的基因的特定个体的后代数量呈泊松分布（Poisson distribution），平均值为 1 + s/2，s 代表文中提到的适应度优势，那么其后代数量可以是 0、1、……、∞ 无穷大。那么其后代数量为 i 的可能性为 $e^{-\mu}\mu^i/i!$，e 表示欧拉数，自然对数的底数。如果我们假设适应度优势为 0.2，那么其对应的泊松平均值应为 1 + 0.1。这一更具适应度的基因在某一代具有 0 个后代的可能性为 $e^{-1.1}1/1$，也就是 0.33287 左右，大于 1/3。需要注意的是，一个完全"中性"的基因，不具有任何选择优势，其在某一代没有后代的可能性也并不会明显高于 1/e，即 0.36787。（对于这一重要论点的更多讨论，见 Gillespie 2004, 91-94。）现代综合论的创始者之一霍尔丹（Haldane 1927）是其中第一位提出这类"出生-死亡"计算的。

8. 如前所述，并不是说在色素＋复制细胞出现后，就没有再发生过重要的演化事件。我们掩饰了视蛋白分子演化的极富吸引力且非常丰富的历史，这些历史可以通过对比的基因组数据得以详尽地展现出来，包括色觉视蛋白的出现与消失，微小视蛋白的变化如何在不同的物种之间改变其功能，等等。类似地，"相机机身与镜头"的演化性改变与它们的出现本身也是很重要的话题，但并不影响我们的主要观点。对于从两细胞系统演化到脊椎动物的眼睛所需时间的著名的"悲观"估算，感兴趣的读者可参看 Nilsson & Pelger 1994。

9. Chaterjee *et al.* 2014 为找到编码新的生物功能的基因序列所需的时间的估算提供了另外一种方式。他们展示了大体上，由于需要搜索的可能的基因组序列的空间太大，并且自地球上的生命起源起大约已有 10^9 年的时间，那么适应所需的时间太长。经历适应的基因组序列的长度呈指数增长，比如我们所讨论的 DNA 序列长度——细菌基因的平均长度大约是 1000 个核苷酸。为了使它的时间能够降至"可处理"的量，也就是说，序列长度可在多项式时间解决，他们提出可以施加一个限制，即初始的基因组序列可以"再生"——也就是说，搜索能够很容易地回到起点。这一结果有一个自然的生物解读，即起点应该距目标序列很"近"，这就意味着如果我们复制一个基因组序列，它距离适应性的目标不会那么遥远。需要注意是，这就否认了一些作者的比较流行的观点，例如，斯蒂德曼认为"演化具有无尽的资源，这些过程的数量仅受到地球上物理资源的限制，而加工时间则只受到地球持续存在下去的时间限制。它本质上是通过对目前每个可行的变异上的每个可能的变异进行尝试"（Steedman 2014, 3）。这是错误的。事实上，演化只对基因组"序列空间"和形态-生物变异中非常非常小的一部分进行了探索，如马丁·诺瓦克（Martin Nowak）的研究所表明的那样。它总是会重复地回到之前已经解决的问题上来。根据诺瓦克的研究，它的方式之一可能是基因组复制。基因组复制的意义一直以来被认为是能够使得起初好的演化解决方法的起点得以再生；它也是提出的获得新的生物功能的一个主导方式之一。被复制的 DNA 并不受选择限制的制约，它能够自由地改变去"追寻"新的目标功能，因为它有一个复本能够占据任何的位置。参看 Ohno 1972。

10. 如果这两个人类／尼安德特人中的改变在功能上的确如此重要的话，那么我们则可以预计它们会在繁衍的性别重组中"粘在一起"，但这并不是 Ptak et al. 2009 所发现的结果。此外，当人们尝试把这两个尼安德特人以及人类独有的 FOXP2 区域的起源时间"对齐"时，发现它们的时期并不一致。结果是，FOXP2 演化的位置、本质与时间都尚存争议。根据一些近期的研究成果（Maricic et al. 2003），人类与尼安德特人的 FOXP2 的基因变体在关键的调控区域存在差异，看起来人类的这一区域历经了近期的选择性清除。由于这一原因，我们先前认为参与了选择性清除的、人类与尼安德特人的共同祖先在这一基因区域中两个氨基酸的位置，实际上并没有参与选择性清除。其实，参与的是另一个区域，并且只在人类中发生。

11. 最近，Zhou et al. 2015 使用"溯祖"模拟以及对古 DNA 的全基因组分析，发展出了一个新的检测选择性清除的方法。加之来自非洲，欧洲和亚洲族群的千人基因组第一阶段的数据，他们声称能够避开人口变迁中我们熟知的干扰问题。他们还声称能够区分正向选择，纯化选择（即负选择）与平衡选择，并且能够预估选择的强度。周等选出了非洲大迁徙前，人类世系中的五个与大脑相关的基因的正向选择的信号。有趣的是，它们都与阿尔茨海默病有牵连。他们并未选出任何千人基因组第一阶段数据中非洲（约鲁巴 -YRI）群体中的 FOXP2 的正向选择的信号，但他们检测了约 1000 代之前，也就是约 2, 2000 — 2, 5000 年前的来自中欧（在犹他收集的）人口数据（CEU）中的一个 FOXP2 的正向选择信号。这一时期与既有研究不太一致，这再次指明了由于人类族群复杂的谱系史，推断过去所发生的事情是比较困难的。这一新提出来的方法是否的确能够规避人口统计估算以及其他问题中广为人知的困难，目前还不得而知——由于目前弄清楚阿尔茨海默病还很困难，那么可以想象想要了解一位生活在 20 万年前的"患者"是否患有阿尔茨海默病会是多么困难。

第二章

1. 基于 Darlington 1947 以及 Brosnahan 1961 的扩充，Lenneberg 1967, 254 很快提出论点，认为可能存在由遗传决定的声道偏好，通过人类声道的不同结构区别表现出来，并且通过省力原则（least-effort principles）来输送，从而使得不同人类族群的语言获得能力与普通族群不同。如果这是正确的话，那么这一效应与不同的人类群组成年后消化牛奶中乳糖的能力不同很是类似（欧洲人共有乳糖耐受基因 LCT，而亚洲人普遍缺少该基因）。布罗斯纳罕（Brosnahan）的证据依赖于将一些具有特殊地理分布的语言相关联（例如，巴斯克语和芬兰-乌戈尔语族），这些语言原本在使用一些特定语音时并无历史相关性，比如与普通族群相比，对于 th 这个音的使用偏好。然而，如雷纳伯格提到的，这一证据说服力很弱，这一"偏好"的遗传学从未真正得到公认。演化生物学家斯特宾斯（Stebins）回忆起多勃赞斯基（Dobzhansky）的一则有趣的轶事，也许刚好能够正确地呈现这一问题："我与多勃赞斯基家庭的密切接触使我了解了有关人类遗传学与文化的一些事情。那时，英国细胞遗传学家 C. D. 达灵顿在发表的论文和书籍中坚持认为，能够对某种特定语言的单词进行发音的能力，具体来说，如英语的合成符 'th'，这种能力是具有一定的遗传基础。事实上，他假设 A 血型群组表型与能够发出英语 'th' 音之间具有遗传关联。当他从多勃赞斯基和其他人那里听到一些反对的反响时，他和他的英国朋友们开始散布下面这段多勃赞斯基和恩斯特·迈尔之间的一场谣传的对话：'恩斯特，你知道的，达灵顿的想法很蠢！为什么呢，每个人都可以发 'th' 这个音。'迈尔说：'是啊。'当然，这对于多勃赞和恩斯特来说当然是正确的，他们两个都是在成年后学习的英语。但我在多勃赞斯基的公寓听到过她们 13 岁的女儿苏菲与她父母的谈话。虽然父母双方都是以达灵顿所描写的那种方式发 'th' 和其他的英语发音，并且他们自苏菲很小时就一直这么说话，但苏菲的英语却有典型的纽约腔，与我这么一个纽约本地人几乎没什么区别"（Stebbins 1995, 12）。据我们所知，近期的一些试图将基因变异与不同的语言类型联系起来的研究中，基因／语言变异的缺失看起来也是成立的——例如，Dediu & Ladd 2007 声称，声调语言及不同声调的感知与两个被认为是近期由于大脑尺寸和大脑发育被正向选择的基因序列与之间有公认的联系。然而，这一研究有很多困难。通过千人基因组计划中更细致的基因分析无法证实正向选择以及其与声调语言的联系——更别提因果关系了——基因组的特性还未被核实，以及大部分基因组-声调变异都可以通过地理原因来解释。近期对于 *FOXP2* 变异的研究成果（Hoogman *et al.* 2014）也支持以下观点，除了病理以外，这一基因组片段的变异对于普遍族群来说不具有明显的效应。

2. 如 Ahouse & Berwick 1998 提到，五根手指与五根脚趾并不是四足动物原本的脚趾数目，而两栖动物的前后足很可能从未有过多于四个脚趾（通常是三个）。分子发育遗传学能够为为何至多只有五类不同的指头数目，即使有一些是被复制的，提供一个非常精巧的解释。

3. Laura Petitto 1987 有关手语习得的研究成果显著地表明了伯林的观点——同样的手势既用于指向，也用于代词指称，但是在后者的情况中，该手势在婴儿通常会颠倒"我"和"你"的年龄段是反象似性（countericonic）的。

4. 需要指出的是，如果我们假设另一种可能性的存在，这一论断仍然能够成立：假设 FOXP2 建立了发声学习输入-输出系统的一部分，必须先进行外化，然后再对鸣声/语言进行再度内化——即对自己鸣叫或者与自己对话。这就保留了一个能够把个项从内部系统"传入"和传出，并且进行序列化的方式，很可能的确是一个关键的组分，类似于我们需要一种方法从电脑中把输出打印出来。

5. 这很像一台液晶屏电视与老旧的阴极射线管电视分别展示移动的图片，而我们仅关注其呈现的不同方式，不关注具体呈现的图片是什么。老电视通过清扫一系列发光或不发光的化学点的电子束来"绘制"图片。液晶显示则通过一种完全不同的操作方式来呈现：大致是，它们通过液晶束的点来传递或不传递光源，这取决于供给每个"点"的电荷，但是不存在一个单一的清扫束。它们通过完全不同的方式展现出同样的平面图。类似地，无论外化的、线性的时间位置是通过肌动命令传递至声道，还是通过移动的手指来传输，它们都与更关键的"内部"表征无关。

6. 提出一个独立的、递归性的"思维语言"作为一种解释句法中的递归的方式导致了解释上的倒退，同时，这也是不必要且相当费解的。很多语言起源的解释中都存在这样的问题，它们以某种方式预设了与合并所执行的相同的组合工作。

第四章

1. 我们应再次强调，人类独有的概念以及合并所使用的"计算原子"的起源对我们来说仍然是未解之谜——对于其他的当代作者如 Bickerton 2014 来说也是如此。对于想要了解这个问题的一部分的读者，也就是在自然选择的演化的分析模型背景下"图标"向"符号"的演化，可以参看 Brandon & Hornstein 1986。

2. 更具体地说，合并选择 Head-XP 结构的中心语，但是在 XP-YP 这种情况下则无法进行选择，也就是当两个合并项均为短语的时候，比如 VP 和 NP。后者这种情况存在于所有内部合并中，以及一般认为还存在于主语-谓语、构式、小句（例如，*ate the meat raw* 生吃肉），等等。传统的（语境自由的）短语结构规则将两种不同的过程混合在一起：加标或投射；以及层级结构的形成。这还通常会牵扯到一些规约，比如，英语中 S → NP VP 的规则，完全没有存在的动因。对于这些传统规约的分析，以及一个消除这些规约，并代替为以经验驱动的"加标算法"的理论，参看 Chomsky（2012）。对于加标理论的其他问题以及进一步的完善，参看 Chomsky（2015）。

3. Howard Lasnik 在他的 *Syntactic Structures Revisited* 2000 的第一章中，通过多层次结构以一种说明的方式描写了"片段"的表征。如拉斯尼克提到的，这其实是早期版本的转换生成语法中使用的基于集合的表征（Chomsky 1955）。弗兰克等显然没有意识到这与他们提出的构想之间的联系。拉斯尼克在 Lasnik & Kupin 1977 中展示了这一表征的一个形式化的改良版本。

4. 在现代生成语法中，确定代词与可能的同指之间的"约束"关系这一层级限制具有很长的历史。正文中所呈现的是基于 Chomsky (1981) *Lectures on Government and Binding* 中的"经典"版本。还有一些其他版本及一些近期的理论构想，我们在这里没有提到；可以参看 Reinhard & Reuland 1993。

5. 有限状态转换网拒绝 *dasdolif* 作为一个合法的纳瓦霍语单词，因为它违反了咝音限制，我们来看一下这个过程，首先从标记为 0 的开环开始。从那里开始，辅音 d 使我们绕过一圈回到初始状态 0；下一个符号 a 也是如此。我们现在还处在状态 0，接下来，标记为 s 的定向弧使我们到达状态 1。在状态 1 中，接下来的音 d、o、l、i 都绕过一圈回到状态 1，因为它们都属于前部非咝音辅音或者元音。最后一个符号 ʃ 不具备有效的转换，无法得到状态 1，机器则宣布失败；它拒绝 *dasdolif* 作为一个合法的纳瓦霍语单词。读者可以核查该网络能够接受 *dasdolis* 作为一个合法的纳瓦霍语单词。

6. 有些人也许可以想象出解决这个问题的一种方式，即写下两种不同的线性网络，一种方式是将 *deep* 与 *blue* 连接起来，构成一种复合式的单词 *deep-blue*，另一种方式是构成一个新的"单词"*blue-sky*。这种方式当然"解决"了区分出两种意义的这一问题，但是在事后。那么，我们则不得不对这类问题的每个案例都使用这样的方法，这不是我们想要的。其他想要规避层级结构的类似这类方案的变体，也都与韵律效应或层级结构的其他影响有所冲突。

7. 具体来说，所有这些理论都能够被实现为分析器，可以在被称为输入句子长度中的确定性多项式时间内运行（比如图灵机）。这一计算类别被称为"P"（确定性多项式时间），通常区分于非确定性多项式时间的计算，被称为 NP 类。能够在图灵机上以确定性多项式时间解决的问题通常被认为在计算上是可行的，而只能够在非确定性多项式时间内解决的问题，或者甚至无法解决的这些问题通常被认为在计算上是不可行的。有关运用于自然语言的计算复杂度理论的一个较早的标准参考，可以参看 Barton, Berwick & Ristad 1987。Kobele 2006 曾提出，目前的状况是，没有任何一个合格的语言学理论能够确保高效的分析性。然而，这一区分从认知的视角来看并无太大意义，因为相关的多项式因素通常来说太大了，而不具有什么实际价值——比输入句子长度的 6 次幂还要大，或许更甚。进入到这些结果的还有一个非常大的多项式因素，即语法规模。因此，在这些理论模型中，与人类相比，分析器总是过慢或过快。过快是由于这类分析器能够分析人类难以分析的句子，比如公园小径句和中心内嵌句；过慢是由于人类通常可以以线性时间来分析句子，甚至做得更好。所有这些事实意味着现存语言学理论就其本身而言不能够解释人类的分析速度——这就说明，在语言学理论本身之外需要增加一些东西。需要注意的是，有一些理论，比如 LFG 或 HPSG 在计算上要比这复杂得多——例如，HPSG 是基于特征属性语法的普遍统一——它是图灵完备的，因此对于它能够描写的语法类别是没有什么形式限制。同样地，我们认为从认知的视角这说明不了什么，因为从业人员通常会在理论框架内增添一些由经验驱动的限制。最后，我们还注意到最近提出的一些语言学理论，如杰肯道夫的"更简句法"（Simpler Syntax）（Culicover & Jackendoff 2005）看起来也适用于这种普遍统一，因此它也同样复杂，比 TAG 或最简系统这些更局限的理论复杂得多。这些理论还在几个区域冗余地提出了与合并类似，但比合并力量更强的计算：不只是句法，还包括语义解读。我们不清楚为何需要这些明显重复的计算力。

8. Carl Pollard 1984 首度构建了一个带有变量的语境自由语法的延伸版本，与它类似的是"中心语语法"这一概念。这使它的力量更为强大；深入讨论可参看 Vijay-Shanker, Weir & Joshi 1987。

9. Steedman（2014）明确声称，在类似语境自由语法的系统与语境自由语法加上"其他一些东西"（如 MCFGs）这两类系统之间存在演化转换。这很可能是"弱生成能力"的天然断层线，但是我们不清楚它是如何能够解释合并的。假定语境自由语法具有下推栈，以及一个线性附加堆栈区域能够放置变量，如 MCFGs 那样，这便产生了"温和语境敏感的语言"；参看 Vijay-Shanker *et al.* 1987。斯蒂德曼（Steedman）认为，这是某种类似于堆栈的结构的演化增量"微调"。对此我们并不认同。外部合并与内部合并之间看起来并没有任何天然的间断，它们都是合并，即使是最简单的 wh-疑问句，它仍然是语境自由的，并需要援用合并的内部版本。斯蒂德曼还为自然选择的演化赋予了强大的力量，声称它在线下"解决"了习得问题："习得是通过个体有限机的有限的资源来完成的。演化具有无尽的资源，这些过程的数量仅受到地球上物理资源的限制，而加工时间则只受到地球持续存在下去的时间限制。它本质上是通过对目前每个可行的变异上的每个可能的变异进行尝试。"（2014, 3）这是错误的，并且还反映了对于自然选择的演化的误解。选择并不像有些作者所说的那样，是什么"通用算法酸"，能够充当某种点金石。基因组与形态–生物序列的空间非常巨大，而生命仅仅探索了这一巨大的可能空间中的一个小角落。如马丁·诺瓦克等的一些演化理论学家对这一问题进行过深入思考，并且对演化的算法力设立了较强的限制（Chatterjee & Nowak 2014），展示了可能需要很长的时间才能够找到使用自然选择的问题的"解决方式"——它通常需要的时间量在计算上是难以处理的，远远超出宇宙的生存时间，即使只是对于如优化一个单一基因的功能这样的日常的生物"问题"来说也是如此。（参看第一章的注解 9，其中提到了 Chatterjee & Nowak 对于仅援用不同有机体固有的相似点以及具有微小差别的基因组是不够的说明。）因此，对于自然选择的演化是否具有"足够的世界与时间"能够解决问题，斯蒂德曼认为这个问题的答案是肯定的，而答案其实是不能。自然选择完成了很多美好的事情。但是它并不是万能的，它甚至并不接近于能够完成所有事情。如 Mayr 1995 与 Lane 2015 曾提醒我们的，自然选择只有一次成功地演化出了复杂的生命。就像语言也只出现了一次一样。我们同意 Sean Rice 2004 的观点，认为斯蒂德曼对于自然选择的乐观评注其实是错位的，这是有关演化的最广为流传的一个误解之一。

10. 我们暂且没有考虑矩阵乘法类理论的所有进展，包括张量–数学计算（tensor-mathematics calculations），它最近在计算语言学界开始变得可行。可以参看 Cohen *et al.* 2012。

11. 我们可以在 Marcus 2009 中看到关于树形结构的这一误解的一个清晰例证。在这篇论文中，马库斯声称，他在他的《代数的头脑》（*The Algebraic Mind*, Marcus 2001）一书中曾错误地说道"心智对于表征'任意的树形结构'（比如像语言学中常见的那种句法树）具有一种神经实现方式"（2009, 17）。他当然是错误的——并不是由于语言学树形结构的存在就意味着它有神经表征的必要性。并没有这样的必要性要求，因为语言学家的树形结构无论如何都不是语言学理论的必需品。马库斯还论证道，内容可寻址存储器反映了我们所预计的生物上合理的人类神经系统的正确特征，而这种内容可寻址存储器并不适用于表征树形结构。那么这一系列的讨论更是一错再错。

12. 近期关于坎贝尔的猴子（Campbell's monkeys）的研究表明了它们具有与人类语言相似的"构词"过程，即一个"词根"被一个"词缀"修饰。这一主张颇富争议。

    无论如何，它们所需的计算甚至比一个一般的有限状态转换网还要简单，并且也没有运用到层级表征，这与人类语言大相径庭，这一点可以通过一个为人熟知的单词来说明，例如 unlockable，它至少能够以两种不同的层级方式得以结构化，这也就产生了两种完全不同的意义，(unlock)-able 或 un-(lockable)。这一分析证明了这一构词过程不是相联性的，而按照定义，所有的有限状态转换网都只能生成相联语言。

13. 不幸的是，我们知道的类似 Nim 研究的所有其他与"动物语言"研究（例如倭黑猩猩坎兹的研究）相关的研究者对于他们的数据都没有授予完全访问权限，因此杨无法把他的研究方法运用到其他动物语言研究的数据中去。

14. 近期对 225 位埃塞俄比亚与埃及个体的测序的证据表明，当时的路线应该是向北途经埃及，而不是向南途经埃塞俄比亚与阿拉伯半岛，时间上大约距今有 60,000 年的时间（Pagani *et al.* 2015）。

15. 显然，有一些"正常的"人类族群中的语言变体是通过基因组测序发现的。如第二章中提到的，FOXP2 转录因子调控一个下游的目标基因 *CNTNAP2*，它负责编码神经细胞表面蛋白。这一基因在千人基因组计划中的人类（犹他-中欧或 CEU）群族中的确具有单核苷酸多态性变体（SNPs）。Kos *et al.* 2012 研究了这些基因组变体是否会影响到本应是正常的成年个体的语言加工——即那些不具有 *FOXP2* 缺陷的成人。他们在特征一致过程中发现了一些差异，这取决于 *CNTNAP2* 上的 SNP（单核苷酸多态性，例如，一个 DNA "字符"）变体。另一方面，Hoogman *et al.* 2014 在非病理性 *FOXP2* 变体中未发现表型的语言差异。

参考文献

Abe, Kentaro, and Dai Watanabe. 2012. Songbirds possess the spontaneous ability to discriminate syntactic rules. *Nature Neuroscience* 14:1067–1074.

Ahouse, Jeremy, and Robert C. Berwick. 1998. *Darwin on the mind.* Boston Review of Books, April/May.

Aitchison, Jean. 1996. *The Seeds of Speech: Language Origin and Evolution.* Cambridge: Cambridge University Press.

Aitchison, Jean. 1998. Discontinuing the continuity-discontinuity debate. In *Approaches to the Evolution of Language: Social and Cognitive Bases*, ed. James R. Hurford, Michael Studdert-Kennedy and Chris Knight, 17–29. Cambridge: Cambridge University Press.

Ariew, André, and Richard Lewontin. 2004. The confusions of fitness. *British Journal for the Philosophy of Science* 55:347–363.

Baker, Mark C. 2002. The Atoms of Language. Oxford: Oxford University Press.

Barton, G. Edward, Robert C. Berwick, and Eric S. Ristad. 1987. *Computational Complexity and Natural Language.* Cambridge, MA: MIT Press.

Bar-Yosef, Ofer, and Jean-Guillaume Bordes. 2010. Who were the makers of the Châtelperronian culture? *Journal of Human Evolution* 59 (5): 586–593.

Beckers, Gabriel, Johan Bolhuis, and Robert C. Berwick. 2012. Birdsong neurolinguistics: Context-free grammar claim is premature. *Neuroreport* 23:139–146.

Bersaglieri, Todd, Pardis C. Sabeti, Nick Patterson, Trisha Vanderploeg, Steve F. Schaffner, Jared A. Drake, Matthew Rhodes, David E. Reich, and Joel N. Hirschhorn. 2004. Genetic signatures of strong recent positive selection at the lactase gene. *American Journal of Human Genetics* 74 (6): 1111–1120.

Berwick, Robert C. 1982. *The Acquisition of Syntactic Knowledge.* Ph.D. thesis, Department of Electrical Engineering and Computer Science. Cambridge, MA: The Massachusetts Institute of Technology.

Berwick, Robert C. 1985. *Locality Principles and the Acquisition of Syntactic Know-*

ledge. Cambridge, MA: MIT Press.

Berwick, Robert C. 2011. All you need is Merge. In *Biolinguistic Investigations*, ed. Anna Maria Di Sciullo and Cedric Boeckx, 461– 491. Oxford: Oxford University Press.

Berwick, Robert C. 2015. Mind the gap. In *50 Years Later: Reflections on Chomsky's Aspects*, ed. Angel J. Gallego and Dennis Ott, 1–12. Cambridge, MA: MIT Working Papers in Linguistics.

Berwick, Robert C., and Samuel David Epstein. 1993. On the convergence of "minimalist" syntax and categorial grammar. In *Proceedings of the Third Conference on Algebraic Methodology and Software Technology (AMAST 93)*, ed. Martin Nivat, Charles Rattray, Teo Rus, and George Scollo, 143–148. University of Twente, Enschede the Netherlands: Springer-Verlag.

Berwick, Robert C., Kazuo Okanoya, Gabriel Beckers, and Johan Bolhuis. 2011. Songs to syntax: The linguistics of birdsong. *Trends in Cognitive Sciences* 15 (3): 113–121.

Berwick, Robert C., and Samuel Pilato. 1987. Learning syntax by automata induction. *Machine Learning* 2:9–38.

Berwick, Robert C., and Amy S. Weinberg. 1984. *The Grammatical Basis of Linguistic Performance*. Cambridge, MA: MIT Press.

Bickerton, Derek. 2014. *More Than Nature Needs*. Cambridge, MA: Harvard University Press.

Bloomfield, Leonard. 1926. A set of postulates for the science of language. *Language* 2 (3): 153–164.

Boeckx, Cedric, and Antonio Benítez-Burraco. November 2014. Globularity and language-readiness: Generating new predictions by expanding the set of genes of interest. *Frontiers in Psychology* 5:1324. doi:.10.3389/fpsyg.2014.01324.

Bornkessel-Schlesewsky, Ina, Matthias Schlesewsky, Steven L. Small, and Josef P. Rauschecker. 2015. Neurobiological roots of language in primate audition: common computational properties. *Trends in Cognitive Sciences* 19 (3): 142–150.

Boyd, Lomax J., Stephanie L. Skove, Jeremy P. Rouanet, Louis-Jan Pilaz, Tristan Bepler, Raluca Gordân, Gregory A. Wray, and Debra L. Silver. 2015. Human-Chimpanzee differences in a FZD8 enhancer alter cell-cycle dynamics in the developing neocortex. *Current Biology* 25:772–779.

Brandon, Robert, and Norbert Hornstein. 1986. From icons to symbols: Some speculations on the origin of language. *Biology & Philosophy* 1:169–189.

Briscoe, Josie, Rebecca Chilvers, Torsten Baldeweg, and David Skuse. 2012. A specific cognitive deficit within semantic cognition across a multi-generational family. *Proceedings of the Royal Society Series B, Biological Sciences* 279(1743): 3652–3661.

Brosnahan, Leonard Francis. 1961. *The Sounds of Language: An Inquiry into the Role of Genetic Factors in the Development of Sound Systems*. Cambridge: Heffer.

Burling, Robbins. 1993. Primate calls, human language, and nonverbal communication. *Current Anthropology* 34 (1): 25–53.

Carroll, Sean. 2005. *Endless Forms Most Beautiful*. New York: Norton.

Chatterjee, Krishendu, Andreas Pavlogiannis, Ben Adlam, and Martin A. Nowak. 2014. The time scale of evolutionary innovation. *PLoS Computational Biology* 10 (9): e1003818.

Chomsky, Carol. 1986. Analytic study of the Tadoma method: Language abilities of three deaf-blind subjects. *Journal of Speech and Hearing Research* 29 (3): 332–347.

Chomsky, Noam. 1955. *The Logical Structure of Linguistic Theory*. Ms. Harvard University, Cambridge, MA.

Chomsky, Noam. 1956. Three models for the description of language. *I.R.E. Transactions on Information Theory* IT-2:113–124.

Chomsky, Noam. 1957. *Syntactic Structures*. The Hague: Mouton.

Chomsky, Noam. 1965. *Aspects of the Theory of Syntax*. Cambridge, MA: MIT Press.

Chomsky, Noam. 1976. On the nature of language. In *Origins and Evolution of Language and Speech*, ed. Stevan Harnad, Horst D. Steklis and Jane Lancaster, 46–57. New York: New York Academy of Sciences.

Chomsky, Noam. 1980. *Rules and Representations*. New York: Columbia University Press.

Chomsky, Noam. 1981. *Lectures on Government and Binding*. Dordrecht: Foris.

Chomsky, Noam. 2010. Some simple evo-devo theses: How might they be true for language? In *The Evolution of Human Language*, ed. Richard K. Larson, Viviene Déprez and Hiroko Yamakido, 45–62. Cambridge: Cambridge University Press.

Chomsky, Noam. 2012. Problems of projection. *Lingua* 130:33–49.

Chomsky, Noam. 2015. Problems of projection extensions. In *Structures, Strategies and Beyond: Studies in Honour of Adriana Belletti*, ed. Elisa Di Domenico, Cornelia Hamann and Simona Matteini, 1–16. Amsterdam: John Benjamins.

Colosimo, Pamela F., Sarita Balabhadra, Guadalupe Villarreal, Jr., Mark Dickson, Jane Grimwood, Jeremy Schmutz, Richard M. Myers, Dolph Schluter, and David M. Kingsley. 2005. Widespread parallel evolution in sticklebacks by repeated fixation of *Ectodysplasin* alleles. *Science* 307:1928–1933.

Cohen, Shay B., Giorgio Satta, and Michael Collins. 2013. Approximate PCFG parsing using tensor decomposition. In *Proceedings of the 2013 Conference of the North American Chapter of the Association for Computational Linguistics: Human Language Technologies*, 487–496. Atlanta, Georgia: Association for Computational Linguistics.

Coen, Michael. 2006. *Multi-Modal Dynamics: Self-Supervised Learning in Perceptual and Motor Systems*. Ph.D. thesis, Department of Electrical Engineering and Computer Science. Cambridge, MA: Massachusetts Institute of Technology.

Colosimo, Pamela F., Catherine L. Peichel, Kirsten Nereng, Benjamin K. Blackman, Michael D. Shapiro, Dolp Schluter, and David M. Kingsley. 2004. The genetic architecture of parallel armor plate reduction in threespine sticklebacks. *PLoS Biology* 2:635–641.

Comins, Jordan A., and Tiomthy Q. Gentner. 2015. Pattern-Induced covert category learning in songbirds. *Current Biology* 25:1873–1877.

Crain, Stephen. 2012. *The Emergence of Meaning*. Cambridge: Cambridge University Press.

Cudworth, Ralph. 1731. *A Treatise Concerning Eternal and Immutable Morality*. London: James and John Knapton.

Culicover, Peter, and Ray Jackendoff. 2005. *Simpler Syntax*. Oxford: Oxford University Press.

Curtiss, Susan. 2012. Revisiting modularity: Using language as a window to the mind. In *Rich Languages from Poor Inputs*, ed. Massimo Piatelli-Palmarini and Robert C. Berwick, 68–90. Oxford: Oxford University Press.

Darlington, Charles D. 1947. The genetic component of language. *Heredity* 1:269–286.

Darwin, Charles. [1856] 1990. *Darwin Correspondence Project*. vol. 6. Cambridge: Cambridge University Press.

Darwin, Charles. 1859. *On the Origin of Species*. London: John Murray.

Darwin, Charles. 1868. *Variation of Plants and Animals under Domestication*. London: John Murray.

Darwin, Charles. 1871. *The Descent of Man, and Selection in Relation to Sex*. London: John Murray.

Darwin, Charles. 1887. *The Autobiography of Charles Darwin*. London: John Murray.

Dediu, Daniel, and D. Robert Ladd. 2007. Linguistic tone is related to the population frequency of the adaptive haplogroups of two brain size genes, *ASPM* and *Microcephalin*. Proceedings of the National Academy of Sciences of the United States of

America 104 (26): 10944–10949.

Dejerine, Joseph Jules. 1895. *Anatomie des Centres Nerveux*. Paris: Rueff et Cie.

Ding, Nai, Yue Zhang, Hong Tian, Lucia Melloni, and David Poeppel. 2014. Cortical dynamics underlying online building of hierarchical structures. *Proceedings of the Society for Neuroscience 2014*. Poster 204.14. Washington, DC: Society for Neuroscience.

Ding, Nai, Yue Zhang, Hong Tian, Lucia Melloni, and David Poeppel. 2015, in press. Cortical dynamics underlying online building of hierarchical structures. *Nature Neuroscience*.

Dobzhansky, Theodosius. 1937. *Genetics and the Origin of Species*. New York: Columbia University Press.

Earley, Jay. 1970. An efficient context-free parsing algorithm. *Communications of the ACM* 13 (2): 94–102.

Enard, Wolfgang, Molly Przeworski, Simon E. Fisher, Cecillia Lai, Victor Wiebe, Takashi Kitano, Anthony P. Monaco, and Svante Paääbo. 2005. Molecular evolution of *FOXP2*, a gene involved in speech and language. *Nature* 418:869–872.

Engesser, Sabrina, Jodie M. S. Crane, James L. Savage, Andrew F. Russell, and Simon W. Townsend. 2015. Experimental evidence for phonemic contrasts in a nonhuman vocal system. *PLoS Biology*. doi:.10.1371/journal.pbio.1002171.

Feynman, Richard. 1959/1992. There's plenty of room at the bottom. *Journal of Microelectromechanical Systems* 1 (1): 60–66.

Fisher, Ronald A. 1930. *The Genetical Theory of Natural Selection*. London: Clarendon.

Fisher, Simon E., Faraneh Vargha-Khadem, Katherine E. Watkins, Anthony P. Monaco, and Marcus E. Pembrey. 1998. Localisation of a gene implicated in a severe speech and language disorder. *Nature Genetics* 18 (2): 168–170.

Fitch, William Tecumseh. 2010. *The Evolution of Language*. Cambridge: Cambridge University Press.

Fitch, William Tecumseh, Michael A. Arbib, and Merlin Donald. 2010. A molecular genetic framework for testing hypotheses about language evolution. In *Proceedings of the 8th International Conference on the Evolution of Language*, ed. Andrew D. M. Smith, Marieke Schouwstra, Bart de Boer, and Kenny Smith, 137–144. Singapore: World Scientific.

Fong, Sandiway. 1991. *Computational Implementation of Principle-Based Parsers*. Ph.D. thesis, Department of Electrical Engineering and Computer Science. Cambridge, MA: Massachusetts Institute of Technology.

Frey, Stephen, Scott Mackey, and Michael Petrides. 2014. Cortico-cortical connections of areas 44 and 45B in the macaque monkey. *Brain and Language* 131:36–55.

Friederici, Angela. 2009. Language and the brain. In *Of Minds and Language, A Dialogue with Noam Chomsky in the Basque Country*, ed. Massimo Piattelli-Palmarini, Juan Uriagereka and Pello Salaburu, 352–377. Oxford: Oxford University Press.

Gallistel, Charles G. 1990. Representations in animal cognition: An introduction. *Cognition* 37 (1–2): 1–22.

Gallistel, Charles G., and Adam Philip King. 2009. *Memory and the Computational Brain*. New York: Wiley.

Gehring, Walter. 2005. New perspectives on eye development and the evolution of eyes and photoreceptors. *Journal of Heredity* 96 (3): 171–184.

Gehring, Walter. 2011. Chance and necessity in eye evolution. *Genome Biology and Evolution* 3:1053–1066.

Gillespie, John. 2004. *Population Genetics: A Concise Guide*. Baltimore: Johns Hopkins University Press.

Goldschmidt, Richard. 1940. *The Material Basis of Evolution*. New Haven, CT: Yale University Press.

Goodall, Jane. 1986. *The Chimpanzees of Gombe: Patterns of Behavior*. Boston: Belknap Press of the Harvard University Press.

Gould, Stephen J., and Steven Rose. 2007. *The Richness of Life: The Essential Stephen Jay Gould*. New York: W.W. Norton and Company.

Graf, Thomas. 2013. *Local and Transderivational Constraints on Syntax and Semantics*. Ph.D. thesis, Department of Linguistics. Los Angeles: University of California at Los Angeles.

Graham, Susan L., Michael A. Harrison, and Walter Ruzzo. 1980. An improved context-free recognizer. *ACM Transactions on Programming Languages and Systems* 2 (3): 415–462.

Grant, Peter, and Rosemary Grant. 2014. *Forty Years of Evolution: Darwin's Finches on Daphne Major Island*. Princeton, NJ: Princeton University Press.

Groszer, Matthias, David A. Keays, Robert M. J. Deacon, Joseph P. de Bono, Shetwa Prasad-Mulcare, Simone Gaub, Muriel G. Baum, Catherine A. French, Jérôme Nicod, Julie A. Coventry, Wolfgang Enard, Martin Fray, Steve D. M. Brown, Patrick M. Nolan, Svante Pääbo, Keith M. Channon, Rui M. Costa, Jens Eilers, Günter Ehret, J. Nicholas P. Rawlins, and Simon E. Fisher. 2008. Impaired synaptic plasticity and motor learning in mice with a point mutation implicated in human speech deficits. *Current Biology* 18:354–362.

参考文献

Gunz, Philipp, Simon Neubauer, Bruno Maureille, and Jean-Jacques Hublin. 2010. Brain development after birth differs between Neanderthals and modern humans. *Current Biology* 20 (21): R921–R922.

Haldane, John Burdon Sanderson. 1927. A mathematical theory of natural and artificial selection, Part V: Selection and mutation. *Proceedings of the Cambridge Philosophical Society* 23 (7): 838–844.

Hansson, Gunnar Ólafur. 2001. Remains of a submerged continent: Preaspiration in the languages of Northwest Europe. In *Historical Linguistics 1999: Selected Papers from the 14th International Conference on Historical Linguistics*, ed. Laurel J. Brinton, 157–173. Amsterdam: John Benjamins.

Hardy, Karen, Jennie Brand-Miller, Katherine D. Brown, Mark G. Thomas, and Les Copeland. 2015. The Importance of dietary carbohydrate in human evolution. *The Quarterly Review of Biology* 90 (3): 251–268.

Harmand, Sonia, Jason E. Lewis, Craig S. Feibel, Christopher J. Lepre, Sandrine Prat, Arnaud Lenoble, Xavier Boës, Horst D. Steklis, and Jane Lancaster. 2015. 3.3-million-year-old stone tools from Lomekwi 3, West Turkana, Kenya. *Nature* 521:310–315.

Harnad, Stevan, Horst D. Steklis, and Jane Lancaster, eds. 1976. *Origins and Evolution of Language and Speech*. New York: New York Academy of Sciences.

Harris, Zellig. 1951. *Methods in Structural Linguistics*. Chicago: University of Chicago Press.

Hauser, Marc. 1997. *The Evolution of Communication*. Cambridge, MA: MIT Press.

Heinz, Jeffrey. 2010. Learning long-distance phonotactics. *Linguistic Inquiry* 41:623–661.

Heinz, Jeffrey, and William Idsardi. 2013. What complexity differences reveal about domains in language. *Topics in Cognitive Science* 5 (1): 111–131.

Henshilwood, Christopher, Francesco d'Errico, Royden Yates, Zenobia Jacobs, Chantal Tribolo, Geoff A. T. Duller, Norbert Mercier, 2002. Emergence of modern human behavior: Middle Stone Age engravings from South Africa. *Science* 295:1278–1280.

Hermer-Vazquez, Linda, Alla S. Katsnelson, and Elizabeth S. Spelke. 1999. Sources of flexibility in human cognition: Dual-task studies of space and language. *Cognitive Psychology* 39 (1): 3–36.

Hennessy, John L., and David A. Patterson. 2011. *Computer Architecture: A Quantitative Approach*. Waltham, MA: Morgan Kaufman Publishers.

Hingham, Thomas, Fiona Brock, Christopher Bronk Ramsey, William Davies, Rachel

Wood, Laura Basell. 2011. Chronology of the site of Grotte du Renne, Arcy-sur-Cure, France: Implications for Neandertal symbolic behavior. *Before Farm* 2: 1–9.

Hinzen, Wolfram. 2006. *Mind Design and Minimal Syntax*. Oxford: Oxford University Press.

Hittinger, Chris Todd, and Sean B. Carroll. 2007. Gene duplication and the adaptive evolution of a classic genetic switch. *Nature* 449 (7163): 677–681.

Hoogman, Martine, Julio Guadalupe, Marcel P. Zwiers, Patricia Klarenbeek, Clyde Francks, and Simon E. Fisher. 2014. Assessing the effects of common variation in the *FOXP2* gene on human brain structure. *Frontiers in Human Neuroscience* 8:1–9.

Hornstein, Norbert. 2009. *A Theory of Syntax*. Cambridge: Cambridge University Press.

Huerta-Sánchez, Xin Jin, Asan, Zhuoma Bianba, Benjamin M. Peter, Nicolas Vinckenbosch, Yu Liang, Xin Yi, Mingze He, Mehmet Somel, Peixiang Ni, Bo Wang, Xiaohua Ou, Huasang, Jiangbai Luosang, Zha Xi Ping Cuo, Kui Li, Guoyi Gao, Ye Yin, Wei Wang, Xiuqing Zhang, Xun Xu, Huanming Yang, Yingrui Li, Jian Wang, Jun Wang, and Rasmus Nielsen. 2014. Altitude adaptation in Tibetans caused by introgression of Denisovan-like DNA. *Nature* 512:194–197.

Humplik, Jan, Alison L. Hill, and Martin A. Nowak. 2014. Evolutionary dynamics of infectious diseases in finite populations. *Journal of Theoretical Biology* 360:149–162.

Hurford, James. 1990. Beyond the roadblock in linguistic evolution studies. *Behavioral and Brain Sciences* 13 (4): 736–737.

Hurford, James, Michael Studdert-Kennedy, and Chris Knight. 1998. *Approaches to the Evolution of Language: Cognitive and Linguistic Bases*. Cambridge: Cambridge University Press.

Huxley, Julian. 1963. *Evolution: The Modern Synthesis*. 3rd ed. London: Allen and Unwin.

Huxley, Thomas. 1859. *Letter to Charles Darwin, November 23*. Darwin Correspondence Project, Letter 2544. Cambridge: Cambridge University Library; www.darwinproject.ac.uk/letter/entry-2544.

Jacob, François. 1977. Darwinism reconsidered. *Le Monde*, September, 6–8.

Jacob, François. 1980. *The Statue Within*. New York: Basic Books.

Jacob, François. 1982. *The Possible and the Actual*. New York: Pantheon.

Jerrison, Harry. 1973. *Evolution of the Brain and Intelligence*. New York: Academic Press.

Jobling, Mark A., Edward Hollox, Matthew Hurles, Toomas Kivsild, and Chris Tyler-Smith. 2014. *Human Evolutionary Genetics*. New York: Garland Science, Taylor and Francis

Group.

Joos, Martin. 1957. *Readings in Linguistics*. Washington, DC: American Council of Learned Societies.

Jürgens, Uwe. 2002. Neural pathways underlying vocal control. *Neuroscience and Biobehavioral Reviews* 26 (2): 235–258.

Kallmeyer, Laura. 2010. *Parsing Beyond Context-Free Grammars*. New York: Springer.

Kimura, Moota. 1983. *The Neutral Theory of Molecular Evolution*. Cambridge: Cambridge University Press.

King, Marie-Claire, and Alan Wilson. 1975. Evolution at two levels in humans and chimpanzees. *Science* 188 (4184): 107–116.

Kleene, Stephen. 1956. *Representation of Events in Nerve Nets and Finite Automata*. Annals of Mathematical Studies 34. Princeton: Princeton University.

Kobele, Gregory. 2006. *Generating Copies: An Investigation into Structural Identity in Language and Grammar*. Ph.D. thesis, Department of Linguistics. Los Angeles: University of California at Los Angeles.

Kos, Miriam, Danielle van den Brink, Tineke M. Snijders, Mark Rijpkema, Barbara Franke, Guillen Fernandez, and Peter Hagoort. 2012. CNTNAP2 and language processing in healthy individuals as measured with ERPs. *PLoS One 7* (10): e46995, Oct. 24. doi: PMCID: PMC3480372.10.1371/journal.pone.0046995.

Koulouris, Andreas, Nectarios Koziris, Theodore Andronikos, George Papakonstantinou, and Panayotis Tsanakas. 1998. A parallel parsing VLSI architecture for arbitrary context-free grammars. *Proceedings of the 1998 Conference on Parallel and Distributed Systems*, IEEE, 783–790.

Krause, Johannes, Carles Lalueza-Fox, Ludovic Orlando, Wolfgang Enard, Richard Green, Herman A. Burbano, Jean-Jacques Hublin, 2007. The derived FOXP2 variant of modern humans was shared with Neandertals. *Current Biology* 17:1–5.

Kuypers, Hanricus Gerardus Jacobus Maria. 1958. Corticobulbar connections to the pons and lower brainstem in man: An anatomical study. *Brain* 81 (3): 364–388.

Lane, Nicholas. 2015. *The Vital Question: Why Is Life the Way It Is?* London: Profile Books Ltd.

Lashley, Karl. 1951. The problem of serial order in behavior. In *Cerebral Mechanisms in Behavior*, ed. Lloyd A. Jeffress, 112–136. New York: Wiley.

Lasnik, Howard. 2000. *Syntactic Structures Revisited*. Cambridge, MA: MIT Press.

Lasnik, Howard, and Joseph Kupin. 1977. A restrictive theory of transformational grammar. *Theoretical Linguistics* 4:173–196.

Lenneberg, Eric H. 1967. *Biological Foundations of Language*. New York: Wiley.

Lewontin, Richard. 1998. The evolution of cognition: Questions we will never answer. In *Methods, Models, and Conceptual Issues: An Invitation to Cognitive Science*, ed. Don Scarborough and Mark Liberman, 108–132. 4th ed. Cambridge, MA: MIT Press.

Lewontin, Richard. 2001. *The Triple Helix*. New York: New York Review of Books Press.

Lindblad-Toh, Kersten, Manuel Garber, Or Zuk, Michael F. Lin, Brian J. Parker, Stefan Washietl, Pouya Kheradpour, Jason Ernst, Gregory Jordan, Evan Mauceli, Lucas D. Ward, Craig B. Lowe, Alisha K. Holloway, Michele Clamp, Sante Gnerre, Jessica Alföldi, Kathryn Beal, Jean Chang, Hiram Clawson, James Cuff, Federica Di Palma, Stephen Fitzgerald, Paul Flicek, Mitchell Guttman, Melissa J. Hubisz, David B. Jaffe, Irwin Jungreis, W. James Kent, Dennis Kostka, Marcia Lara, Andre L. Martins, Tim Massingham, Ida Moltke, Brian J. Raney, Matthew D. Rasmussen, Jim Robinson, Alexander Stark, Albert J. Vilella, Jiayu Wen, Xiaohui Xie, Michael C. Zody, Broad Institute Sequencing Platform and Whole Genome Assembly Team, Kim C. Worley, Christie L. Kovar, Donna M. Muzny, Richard A. Gibbs, Baylor College of Medicine Human Genome Sequencing Center Sequencing Team, Wesley C. Warren, Elaine R. Mardis, George M. Weinstock, Richard K. Wilson, Genome Institute at Washington University, Ewan Birney, Elliott H. Margulies, Javier Herrero, Eric D. Green, David Haussler, Adam Siepel, Nick Goldman, Katherine S. Pollard, Jakob S. Pedersen, Eric S. Lander, and Manolis Kellis. 2011. A high-resolution map of human evolutionary constraint using 29 mammals. *Nature* 478:476–482.

Luria, Salvador. 1974. *A Debate on Bio-Linguistics*. Endicott House, Dedham, MA, May 20–21. Paris: Centre Royaumont pour une science de l'homme.

Lyell, Charles. 1830–1833. Principles of Geology. London: John Murray.

Lynch, Michael. 2007. *The Origins of Genome Architecture*. Sunderland, MA: Sinauer Associates.

Mampe, Birgit, Angela D. Friederici, Anne Christophe, and Kristine Wermke. 2009. Newborns' cry melody is shaped by their native language. *Current Biology* 19 (23): 1994–1997.

Marchant, James. 1916. *Alfred Russel Wallace Letters and Reminiscences*. London: Cassell.

Marcus, Gary. 2001. *The Algebraic Mind*. Cambridge, MA: MIT Press.

Marcus, Gary. 2009. How *does* the mind work? *Topics in Cognitive Science* 1 (1): 145–172.

Margulis, Lynn. 1970. *Origin of Eukaryotic Cells*. New Haven: Yale University Press.

Maricic, Tomislav, Viola Günther, Oleg Georgiev, Sabine Gehre, Marija Ćurlin, Christiane Schreiweis, Ronald Naumann, Hernán A. Burbano, Matthias Meyer, Carles Lalueza-Fox, Marco de la Rasilla, Antonio Rosas, Srećko Gajović, Janet Kelso, Wolfgang Enard, Walter Schaffner, and Svante Pääbo. 2013. A recent evolutionary change affects a regulatory element in the human *FOXP2* gene. *Molecular Biology and Evolution* 30 (4): 844–852.

Maynard Smith, John. 1982. *Evolution and the Theory of Games*. Cambridge: Cambridge University Press.

Maynard Smith, John, and Eörs Szathmáry. 1995. *The Major Transitions in Evolution*.

Maynard Smith, John, Richard Burian, Stuart Kauffman, Pere Alberch, John Campbell, Brian Goodwin, Russell Lande, David Raup, and Lewis Wolpert. 1985. Developmental constraints and evolution: A perspective from the Mountain Lake Conference on development and evolution. *Quarterly Review of Biology* 60 (3): 265–287.

Mayr, Ernst. 1963. *Animal Species and Evolution*. Cambridge, MA: Belknap Press of Harvard University Press.

Mayr, Ernst. 1995. Can SETI Succeed? Not Likely. *Bioastronomy News* 7 (3). http://www.astro.umass.edu/~mhanner/Lecture_Notes/ Sagan-Mayr.pdf.

McMahon, April, and Robert McMahon. 2012. *Evolutionary Linguistics*. Cambridge: Cambridge University Press.

McNamara, John M. 2013. Towards a richer evolutionary game theory. [doi: 10.1098/rsif.2013.0544.] *Journal of the Royal Society, Interface* 10 (88): 20130544.

Mellars, Paul. 2010. Neanderthal symbolism and ornament manufacture: The bursting of a bubble? *Proceedings of the National Academy of Sciences of the United States of America* 107 (47): 20147–20148.

Minksy, Marvin L. 1967. *Computation: Finite and Infinite Machines*. Englewood Cliffs, NJ: Prentice-Hall.

Monod, Jacques. 1970. *Le hasard et la nécessité*. Paris: Seuil.

Monod, Jacques. 1972. *Chance and Necessity: An Essay on the Natural Philosophy of Modern Biology*. New York: Vintage Books.

Müller, Gerd. 2007. Evo-devo: Extending the evolutionary synthesis. *Nature Reviews. Genetics* 8:943–949.

Muller, Hermann J. 1940. Bearing of the *Drosophila* work on systematics. In *The New Systematics*, ed. Julian S. Huxley, 185–268. Oxford: Clarendon Press.

Musso, Mariacristina, Andrea Moro, Volkmar Glauche, Michel Rijntjes, Jürgen Reichenbach, Christian Büchel, and Cornelius Weiller. 2003. Broca's area and the language instinct. *Natstedstedure Neuroscience* 6:774–781.

Newmeyer, Frederick J. 1998. On the supposed "counter-functionality" of Universal Grammar: Some evolutionary implications, In *Approaches to the Evolution of Language*, ed. James R. Hurford, Michael Studdert Kennedy, and Christopher Knight 305–319. Cambridge: Cambridge University Press.

Nilsson, D. E., and Susanne Pelger. 1994. A pessimistic estimate of the length of time required for an eye to evolve. *Proceedings of the Royal Society Series B* 256 (1345): 53–58.

Niyogi, Partha, and Robert C. Berwick. 2009. The proper treatment of language acquisition and change. *Proceedings of the National Academy of Sciences of the United States of America* 109: 10124–10129.

Nowak, Martin A. 2006. Evolutionary Dynamics. Cambridge, MA: Harvard University Press.

Ohno, Susumu. 1970. *Evolution by Gene Duplication*. Berlin: Springer-Verlag.

Okanoya, Kazuo. 2004. The Bengalese finch: A window on the behavioral neurobiology of birdsong syntax. *Annals of the New York Academy of Sciences* 1016:724–735.

Orr, H. Allen. 1998. The population genetics of adaptation: the distribution of factors fixed during adaptive evolution. *Evolution; International Journal of Organic Evolution* 52 (4): 935–949.

Orr, H. Allen. 2005 a. The genetic theory of adaptation. *Nature Reviews. Genetics* 6:119–127.

Orr, H. Allen. 2005 b. A revolution in the field of evolution? *New Yorker (New York, N.Y.)* (October): 24.

Orr, H. Allen, and Jerry A. Coyne. 1992. The genetics of adaptation revisited. *American Naturalist* 140:725–742.

Ouattara, Karim, Alban Lemasson, and Klaus Zuberbühler. 2009. Campbell's monkeys concatenate vocalizations into context-specific call sequences. *Proceedings of the National Academy of Sciences of the United States of America* 106 (51): 22026–22031.

Pääbo, Svante. 2014 a. The human condition—a molecular approach. *Cell* 157 (1): 216–226.

Pääbo, Svante. 2014 b. Neanderthal Man. In *Search of Lost Genomes*. New York: Basic Books.

Pagani, Luca, Stephan Schiffels, Deepti Gurdasani, Petr Danecek, Aylwyn Scally, Yuan Chen, Yali Xue, 2015. Tracing the route of modern humans out of Africa using 225 human genome sequences from Ethiopians and Egyptians. *American Journal of Human Genetics* 96:1–6.

Perani, Daniela, Maria C. Saccumana, Paola Scifo, Alfred Anwander, Danilo Spada, Cristina Baldolib, Antonella Poloniato, Gabriele Lohmann, and Angela D. Friederici. 2011. Neural language networks at birth. *Proceedings of the National Academy of Sciences of the United States of America* 108 (38): 16056–16061.

Petitto, Laura Anne. 1987. On the autonomy of language and gesture: Evidence from the acquisition of personal pronouns in American Sign Language. *Cognition* 27 (1): 1–52.

Petitto, Laura Anne. 2005. How the brain begets language. In *The Chomsky Reader*, ed. James McGilvray, 85–101. Cambridge: Cambridge University Press.

Pfenning, Andreas R., Erina Hara, Osceola Whitney, Miriam V. Rivas, Rui Wang, Petra L. Roulhac, Jason T. Howard, M. Arthur Moseley, J. Will Thompson, Erik J. Soderblom, Atsushi Iriki, Masaki Kato, M. Thomas P. Gilbert, Guojie Zhang, Trygve Bakken, Angie Bongaarts, Amy Bernard, Ed Lein, Claudio V. Mello, Alexander J. Hartemink, Erich D. Jarvis. 2014. Convergent transcriptional specializations in the brains of humans and song-learning birds. *Science* 346 (6215): 1256846:1–10.

Pinhasi, Ronald, Thomas F. G. Higham, Liubov V. Golovanova, and Vladimir B. Doronichevc. 2011. Revised age of late Neanderthal occupation and the end of the Middle Paleolithic in the northern Caucasus. *Proceedings of the National Academy of Sciences of the United States of America* 108 (21): 8611–8616.

Pinker, Steven, and Paul Bloom. 1990. Natural language and natural selection. *Behavioral and Brain Sciences* 13 (4): 707–784.

Pinker, Steven, and Heather K. J. van der Lely. 2014. The biological basis of language: insight from developmental grammatical impairments. *Trends in Cognitive Sciences* 18 (11): 586–595.

Poelwijk, Frank, Daniel J. Kiviet, Daniel M. Weinreich, and Sander J. Tans. 2007. Empirical fitness landscapes reveal accessible evolutionary paths. *Nature* 445 (25): 383–386.

Pollard, Carl. 1984. *Generalized Phrase Structure Grammars, Head Grammars and Natural Language*. Ph.D. dissertation, Stanford, CA: Stanford University.

Prabhakar, Shyam, James P. Noonan, Svante Pbo, and Edward M. Rubin. 2006. Accelerated evolution of conserved noncoding sequences in humans. *Science* 314:786.

Priestley, Joseph. 1775. *Hartley's Theory of the Human Mind*. London: J. Johnson.

Ptak, Susan E., Wolfgang Enard, Victor Wiebe, Ines Hellmann, Johannes Krause, Michael Lachmann, and Svante Pääbo. 2009. Linkage disequilibrium extends across putative selected sites in *FOXP2*. *Molecular Biology and Evolution* 26:2181–2184.

Pulvermüller, Friedemann. 2002. *The Neuroscience of Language*. Cambridge: Cambridge University Press.

Ramus, Franck, and Simon E. Fisher. 2009. Genetics of language. In *The Cognitive Neurosciences*. 4th ed., ed. Michael S. Gazzaniga, 855–871. Cambridge, MA: MIT Press.

Reinhart, Tanya, and Eric Reuland. 1993. Reflexivity. *Linguistic Inquiry* 24:657–720.

Rice, Sean R. 2004. *Evolutionary Theory: Mathematical and Conceptual Foundations*. Sunderland, MA: Sinauer Associates.

Rice, Sean R., Anthony Papadapoulos, and John Harting. 2011. Stochastic processes driving directional selection. In *Evolutionary Biology-Concepts, Biodiversity, Macroevolution and Genome Evolution*, ed. Pierre Pontarotti, 21–33. Berlin: Springer-Verlag.

Rosenfeld, Azriel. 1982. Quadtree grammars for picture languages. *IEEE Transactions on Systems, Man, and Cybernetics* SMC-12 (3): 401–405.

Samet, Hanan, and Azriel Rosenfeld. 1980. Quadtree representations of binary images. *Proceedings of the 5th International Conference on Pattern Recognition*, 815–818.

Sapir, Edward, and Harry Hoijer. 1967. *The Phonology and Morphology of the Navaho Language*. Los Angeles: University of California Publications in Linguistics.

Sauerland, Uli, and Hans Martin Gärtner. 2007. *Interfaces + Recursion = Language?* New York: Mouton.

Saussure, Ferdinand. 1916. *Cours de linguistic générale*. Paris: Payot.

Schreiweis, Christiane, Ulrich Bornschein, Eric Burguière, Cemil Kerimoglu, Sven Schreiter, Michael Dannemann, Shubhi Goyal, Ellis Rea, Catherine A. French, Rathi Puliyadih, Matthias Groszer, Simon E. Fisher, Roger Mundry, Christine Winter, Wulf Hevers, Svante Pääbo, Wolfgang Enard and Ann M. Graybiel. 2014. Humanized *Foxp2* accelerates learning by enhancing transitions from declarative to procedural performance. *Proceedings of the National Academy of Sciences of the United States of America* 111 (39): 14253–14258.

Schuler, William, Samir Abdel Rahman, Tim Miller, and Lane Schwartz. 2010. Broad-coverage parsing using human-like memory constraints. *Computational Linguistics* 36 (1): 1–30.

Sherman, Michael. 2007. Universal genome in the origin of Metazoa: Thoughts about evolution. *Cell Cycle (Georgetown, TX)* 6 (15): 1873–1877.

Smith, Neil, and Ianthi-Maria Tsimpli. 1995. *The Mind of a Savant: Language, Learning, and Modularity*. New York: Wiley.

Somel, Mehmet, Xiling Liu, and Philip Khaitovich. 2013. Human brain evolution: Transcripts, metabolites and their regulators. *Nature Reviews Neuroscience* 114:112–127.

Spoor, Frederick, Philip Gunz, Simon Neubauer, Stefanie Stelzer, Nadia Scott, Amandus Kwekason, and M. Christopher Dean. 2015. Reconstructed *Homo habilis* type OH 7 suggests deep-rooted species diversity in early *Homo. Nature* 519 (7541): 83–86.

Stabler, Edward. 1991. Avoid the pedestrian's paradox. In *Principle-based Parsing*, ed. Robert C. Berwick, Stephen P. Abney and Carol Tenny, 199–237. Dordrecht: Kluwer.

Stabler, Edward. 2011. *Top-down recognizers for MCFGs and MGs*. In *Proceedings of the 2nd Workshop on Cognitive Modeling and Computational Linguistics,* ed. Frank Keller and David Reiter, 39–48. Stroudsburg, PA: Association for Computational Linguistics.

Stabler, Edward. 2012. Top-down recognizers for MCFGs and MGs. *Topics in Cognitive Science* 5:611–633.

Stebbins, Ledyard. 1995. Recollections of a coauthor and close friend. In *Genetics of Natural Populations, the continuing influence of Theodosius Dobzhansky*, ed. Louis Levine, 7–13. New York: Columbia University Press.

Steedman, Mark. 2014. Evolutionary basis for human language. *Physics of Life Reviews* 11 (3): 382–388.

Steffanson, Hreinn, Agnar Helgason, Gudmar Thorleifsson, Valgerdur Steinthorsdottir, Gisli Masson, John Barnard, Adam Baker, Aslaug Jonasdottir, Andres Ingason, Vala G. Gudnadottir, Natasa Desnica, Andrew Hicks, Arnaldur Gylfason, Daniel F. Gudbjartsson, Gudrun M. Jonsdottir, Jesus Sainz, Kari Agnarsson, Birgitta Birgisdottir, Shyamali Ghosh, Adalheidur, Olafsdottir, Jean-Baptiste Cazier, Kristleifur Kristjansson, Michael L Frigge, Thorgeir E. Thorgeirsson, Jeffrey R. Gulcher, Augustine Kong, and Kari Stefansson. 2005. A common inversion under selection in Europeans. *Nature Genetics* 37 (2): 129–137.

Stent, Gunther. 1984. From probability to molecular biology. *Cell* 36:567–570.

Stevens, Kenneth N. 1972. The quantal nature of speech: Evidence from articulatory-acoustic data. In *Human Communication: A Unified View*, ed. Edward E. David, Jr., and Peter B. Denes, 51–66. New York: McGraw-Hill.

Stevens, Kenneth N. 1989. On the quantal nature of speech. *Journal of Phonetics* 17 (1/2): 3–45.

Striedter, Georg. 2004. *Principles of Brain Evolution*. Sunderland, MA: Sinauer Associates.

Swallow, Dallas M. 2003. Genetics of lactase persistence and lactose intolerance. *Annu-*

al Review of Genetics 37:197–219.

Számado, Szabolcs, and Eörs Szathmáry. 2006. Selective scenarios for the emergence of natural language. *Trends in Ecology & Evolution* 679:555–561.

Szathmáry, Eörs. 1996. From RNA to language. *Current Biology* 6 (7): 764.

Szklarczyk, Damian, Andrea Franceschini, Stefan Wyder, Kristoffer Forslund, Davide Heller, Jaime Huerta-Cepas, Milan Simonovic, Alexander Roth, Alberto Santos, Kalliopi P. Tsafou, Michael Kuhn, Peer Bork, Lars J. Jensen, and Christian von Mering. 2011. The STRING database in 2011: Functional interaction networks of proteins, globally integrated and scored. *Nucleic Acids Research* 39: D561–D568.

Takahashi, Daniel Y., Alicia Fenley, Yayoi Teramoto, Darshana Z. Narayan, Jeremy Borjon, P. Holmes, and Asif A. Ghazanfar. 2015. The developmental dynamics of marmoset monkey vocal production. *Science* 349 (6249): 734–748.

Tallerman, Maggie. 2014. No syntax saltation in language evolution. *Language Sciences* 46:207–219.

Tattersall, Ian. 1998. *The Origin of the Human Capacity, the Sixty-Eighth James McArthur Lecture on the Human Brain*. New York: American Museum of Natural History.

Tattersall, Ian. 2002. *The Monkey in the Mirror*. New York: Harcourt. Tattersall, Ian. 2006. Becoming human: Evolution and the rise of intelligence. *Scientific American* (July): 66–74.

Tattersall, Ian. 2008. An evolutionary framework for the acquisition of symbolic cognition by *Homo sapiens*. *Comparative Cognition & Behavior Reviews* 3:99–114.

Tattersall, Ian. 2010. Human evolution and cognition. *Theory in Biosciences* 129 (2–3): 193–201.

Thompson, D'arcy Wentworth. [1917] 1942. *On Growth and Form*. Cambridge: Cambridge University Press.

Thompson, John N. 2013. *Relentless Evolution*. Chicago: University of Chicago Press.

Tishkoff, Sarah, Floyd A. Reed, Benjamin F. Voight, Courtney C. Babbitt, Jesse S. Silverman, Kweli Powell, Holly M. Mortensen, 2007. Convergent adaptation of human lactase persistence in Africa and Europe. *Nature Genetics* 39 (1): 31–40.

Tomasello, Michael. 2009. UG is dead. *Behavioral and Brain Sciences* 32 (5): 470–471.

Trubetzkoy, Nikolay. 1939. *Grundzüge der Phonologie*. Göttingen: Vandenhoeck & Ruprecht.

Trubetzkoy, Nikolay. 1969. *Principles of Phonology*. Trans. C. A. Baltaxe. Berkeley: University of California Press.

Turing, Alan, and Claude W. Wardlaw. [1953] 1992. A diffusion reaction theory of morphogenesis. In *The Collected Works of Alan Turing: Morphogenesis*. Amsterdam: North-Holland.

Turner, John. 1984. Why we need evolution by jerks. *New Scientist* 101:34–35.

Turner, John. 1985. Fisher's evolutionary faith and the challenge of mimicry. In *Oxford Surveys in Evolutionary Biology 2*, ed. Richard Dawkins and Matthew Ridley, 159–196. Oxford: Oxford University Press.

Van Dyke, Julie, and Clinton L. Johns. 2012. Memory interference as a determinant of language comprehension. *Language and Linguistics Compass* 6 (4): 193–211.

Vargha-Khadem, Faraneh, David G. Gadian, Andrew Copp, and Mortimer Mishkin. 2005. FOXP2 and the neuroanatomy of speech and language. *Nature Reviews. Neuroscience* 6:131–138.

Vernot, Benjamin, and Joshua M. Akey. 2014. Resurrecting surviving Neanderthal lineages from modern human genomes. *Science* 343 (6174): 1017–1021.

Vijay-Shanker, K., and J. David Weir, and Aravind K. Joshi. 1987. Characterizing structural descriptions produced by various grammatical formalisms. In *Proceedings of the 25th Annual Meeting of the Association for Computational Linguistics* (ACL), 104–111, Stanford, CA: Association for Computational Linguistics.

Vigneau, Nicolas-Roy, Virginie Beaucousin, Pierre-Yves Hervé, Hugues Duffau, Fabrice Crivello, Oliver Houdé, Bernard Mazoyer, and Nathalie Tzourio-Mazoyer. 2006. Meta-analyzing left hemisphere language areas: phonology, semantics, and sentence processing. *NeuroImage* 30 (4): 1414–1432.

Wallace, Alfred Russel. 1856. On the habits of the Orangutan of Borneo. *Annals & Magazine of Natural History* (June): 471–475.

Wallace, Alfred Russel. 1869. Sir Charles Lyell on geological climates and the origin of species. *Quarterly Review* (April): 359–392.

Wallace, Alfred Russel. 1871. *Contributions to the Theory of Natural Selection*. 2nd ed. London: Macmillan.

Wardlaw, Claude W. 1953. A commentary on Turing's reactiondiffusion mechanism of morphogenesis. *New Physiologist* 52 (1): 40–47.

Warneken, Felix, and Alexandra G. Rosati. 2015. Cognitive capacities for cooking in chimpanzees. *Proceedings of the Royal Society Series B* 282:20150229.

Weinreich, Daniel M., Nigel F. Delaney, Mark A. DePristo, and Daniel L. Hartl. 2006. Darwinian evolution can follow only very few mutational paths to fitter proteins. *Science* 7 (312): 111–114.

Wexler, Kenneth, and Peter W. Culicover. 1980. *Formal Principles of Language Acqui-*

sition. Cambridge, MA: MIT Press.
Whitney, William Dwight. 1893. *Oriental and Linguistic Studies*. vol. 1. New York: Scribner.
Whitney, William Dwight. 1908. *The Life and Growth of Language: An Outline of Linguistic Science*. New York: Appleton.
Wood, Rachel, Thomas F. G. Higham, Trinidad De Torres, Nadine Tisnérat-Laborde, Hector Valladas, Jose E. Ortiz, Carles Lalueza-Fox, 2013. A new date for the Neanderthals from El Sidrón cave (Asturias, northern Spain). *Archaeometry* 55 (1): 148–158.
Woods, William A. 1970. Transition network grammars for natural language analysis. *Communications of the ACM* 13 (10): 591–606.
Wray, Gregory. 2007. The evolutionary significance of *cis*-regulatory mutations. *Nature Reviews Genetics* 8: 206–216.
Wright, Sewall. 1948. *Evolution, organic*. 14th ed. vol. 8., 914–929. Encyclopaedia Britannica.
Yang, Charles. 2002. *Knowledge and Learning in Natural Language*. New York: Oxford University Press.
Yang, Charles. 2013. Ontogeny and phylogeny of language. *Proceedings of the National Academy of Sciences of the United States of America* 110 (16): 6324–6327.
Younger, Daniel H. 1967. Recognition and parsing of context-free languages in time n^3. *Information and Control* 10 (2): 189–208.
Zhou, Hang, Sile Hu, Rostislav Matveev, Qianhui Yu, Jing Li, Philipp Khaitovich, Li Jin, (2015). A chronological atlas of natural selection in the human genome during the past half-million years. bioRxiv preprint June 19, 2015, doi: http://dx.doi.org/10.1101/018929.

人名索引

索引所标页码为英文版页码，即本汉译版的边码

Abe, Kentaro 阿贝健太郎 144–145
Ahouse, Jeremy 杰里米·阿豪斯 172n2
Aitchison, Jean 简·艾奇逊 95, 105, 150
Akey, Joshua M. 约夏 M. 阿基 27
Arbib, Michael A. 迈克尔·A. 阿比伯 156
Ariew, André 安德烈·艾瑞尔 168n6
Aristotle 亚里士多德 66, 101, 140

Barton, G. Edward 爱德华·G. 巴顿 174n7
Bar-Yosef, Ofer 欧弗·巴尔-约瑟夫 154
Beckers, Gabriel 加布里埃尔·贝克斯 144, 145
Bersaglieri, Todd 托德·贝尔萨格里 27
Berwick, Robert C. 罗伯特·C. 贝里克 4, 14, 55, 114, 123, 126, 128, 130, 131, 133, 140, 142, 144, 145, 149, 160, 167n2, 172n2, 174n7
Bickerton, Derek 德雷克·彼克顿 149, 167n1, 173n1
Bloom, Paul 保罗·布卢姆 95
Bloomfield, Leonard 伦纳德·布龙菲尔德 95–96
Boas, Franz 弗朗茨·博厄斯 39, 57, 58
Bolhuis, Johan 约翰·博尔赫斯 144, 145
Bordes, Jean-Guillaume 吉恩-纪劳姆·博尔德 154
Bornkessel-Schlesewsky, Ina 艾娜·博恩克塞尔-施莱索斯基 9–10, 33, 115, 158
Boyd, Lomax J. 洛马克斯·J. 博伊德 45, 48
Brandon, Robert 罗伯特·布兰登 173n1
Brodmann, Korbinian 科比尼安·布洛德曼 79
Brosnahan, Leonard Francis 伦纳德·弗朗西斯·布罗斯纳罕 170–171n1
Brown, Roger 罗杰·布朗 4
Bruner, Jerome 杰罗姆·布鲁纳 4
Burling, Robbins 罗宾斯·伯林 63–64

Carroll, Sean 肖恩·卡罗尔 58
Chatterjee, Krishendu 克里申杜·查特吉 19, 29, 169n9, 176n9
Chomsky, Noam 诺姆·乔姆斯基 4–5, 5–6, 68, 96, 105, 128–129, 131, 146, 167n1, 173n2, 173n3, 173n4
Church, Alonzo 阿隆佐·邱奇 9, 91
Cocke, John 约翰·科克 134
Coen, Michael 迈克尔·科恩 14, 77–78
Cohen, Shay B. 谢伊·B. 科恩 176n10
Collins, Michael 迈克尔·柯林斯 176n10
Colosimo, Pamela F. 帕梅拉·F. 柯洛西莫 67
Comins, Jordan A. 乔丹·A. 康姆斯 12, 78
Coop, Graham 格雷厄姆·库普 52, 156
Coyne, Jerry A. 杰瑞·A. 科因 34
Crain, Stephen 斯蒂芬·克雷恩 118

155

Cudworth, Ralph 拉尔夫·卡德沃斯 85
Culicover, Peter W. 彼得·W. 库里卡瓦 126, 175n7
Curtiss, Susan 苏珊·柯蒂斯 91
Cuvier, Georges 乔治·居维叶 58

Darlington, Charles D. 查理斯·D. 达灵顿 170–171n1
Darwin, Charles 查尔斯·达尔文 2–4, 14–16, 17, 25–26, 30–31, 32, 53, 58, 59, 62, 105, 109, 110, 143, 166
Dediu, Daniel 丹尼尔·戴度 171
Dejerine, Joseph Jules 约瑟夫·朱尔斯·德杰林 159
Ding, Nai 丁鼐 14
Dobzhansky, Theodosius 特奥多修斯·多勃赞斯基 34, 150, 171n1
Donald, Merlin 梅林·唐纳德 156

Earley, Jay 杰伊·厄利 134
Enard, Wolfgang 沃尔夫冈·埃纳尔德 75, 151–152, 154, 155
Engresser, Sabrina 萨博莉娜·恩格雷赛 12
Epstein, Samuel David 萨缪尔·戴维·艾普斯坦 114, 128

Feynman, Richard 理查德·费曼 133, 139
Fisher, Ronald A. 罗纳德·A. 费舍尔 15, 17, 33–37, 62
Fisher, Simon E. 西蒙·E. 费舍尔 75, 79, 107, 111, 164
Fitch, William Tecumseh 威廉·特库姆塞·菲奇 4, 23, 34, 143, 156
Fong, Sandiway 桑迪伟·邝 138–139
Frege, Friedrich Ludwig Gottlob 弗里德里希·路德维希·戈特洛布·弗雷格 85

Frey, Stephen 斯蒂芬·弗雷 163
Friederici, Angela 安吉拉·弗里德里齐 158

Gallistel, Charles G. 查尔斯·G. 加利斯泰尔 50–51, 85, 131, 139, 157
Gärtner, Hans Martin 汉斯·马丁·加特内 71
Gehring, Walter 沃尔特·格林 25, 31, 32, 67
Gentner, Timothy Q. 蒂莫西·Q. 根特纳 12, 78
Gillespie, John 约翰·吉莱斯皮 22, 23, 168n7
Gödel, Kurt 库尔特·哥德尔 91
Goethe, Johann Wolfgang von 约翰·沃尔夫冈·冯·歌德 62
Goldschmidt, Richard 理查德·戈尔德施密特 33, 36
Goodall, Jane 简·古道尔 85
Gould, Stephen J. 斯蒂芬·J. 古尔德 26, 60, 61
Graf, Thomas 托马斯·格拉芙 130
Graham, Susan L. 苏珊·L. 格雷厄姆 139
Grant, Peter 彼得·格兰特 26, 29
Grant, Rosemary 罗斯玛丽·格兰特 26, 29
Greenberg, Joseph 约瑟夫·格林伯格 167n3
Gross, Charles 查尔斯·格罗斯 4
Groszer, Matthias 马提亚斯·格罗斯泽 76
Gunz, Philipp 菲利普·根斯 152

Haldane, John Burdon Sanderson 约翰·伯顿·桑德森·霍尔丹 15, 34, 62, 168n7
Hansson, Gunnar Ólafur 贡纳·欧拉弗·汉森 120
Hardy, Karen 凯伦·哈迪 158
Harmand, Sonia 索尼亚·阿曼 38
Harnad, Stevan 斯特万·哈那德 6
Harris, Zellig 赛林格·哈里斯 57
Harrison, Michael A. 迈克尔·A. 哈里森 139
Harting, John 约翰·哈廷 23, 25

人名索引

Hauser, Marc 马克·豪泽 63
Heinz, Jeffrey 杰弗里·海恩兹 120–124, 125, 142
Hennessy, John L. 约翰·L. 亨内斯 133
Henshilwood, Christopher 克里斯多夫·罕什伍德 38
Hermer-Vazquez, Linda 琳达·赫默-瓦斯奎兹 165
Higham, Thomas 托马斯·海厄姆 153
Hill, Alison L. 艾莉森·L. 希尔 25
Hinzen, Wolfram 沃尔夫勒姆·惠森 71
Hoijer, Harry 哈利·霍耶尔 120
Hoogman, Martine 玛蒂娜·霍格曼 172n1, 177n15
Hornstein, Norbert 诺伯特·霍恩斯坦 167n1, 173n1
Huerta-Sánchez, Emilia 艾米莉亚·胡尔塔-桑切斯 27
Hume, David 大卫·休谟 85
Humplik, Jan 詹·亨普利克 25
Hurford, James 詹姆斯·赫福德 92, 95
Huxley, Julian 朱利安·赫胥黎 34
Huxley, Thomas 托马斯·赫胥黎 30, 62

Idsardi, William 威廉·伊萨尔迪 120–124, 142

Jackendoff, Ray 雷·杰肯道夫 175
Jacob, François 弗朗索瓦·雅各布 67–68, 81, 111, 112
Jerison, Harry 哈里·杰里森 4, 64, 81
Jobling, Mark A. 马克·A. 乔布林 46, 50, 52, 149, 156
Johns, Clinton L. 克林顿·L. 琼斯 136
Joos, Martin 马丁·朱斯 57
Joshi, Aravind K. 阿拉温达·乔希 175n8, 175n9
Jürgens, Uwe 乌维·于尔根斯 167n4

Kallmeyer, Laura 劳拉·卡尔梅耶 135
Kant, Immanuel 伊曼努尔·康德 85
Kasami, Tadao 嵩忠雄 134
Katsnelson, Alla S. 阿拉·S. 卡茨内尔松 165
Khaitovich, Philipp 菲利普·哈伊托维奇 43, 46, 49, 152
Kimura, Moota 木村资生 26, 36
King, Adam Philip 亚当·菲利普·金 50, 51, 131, 157
King, Marie-Claire 玛丽-克莱尔·金 43
Kleene, Stephen 斯蒂芬·克林 127
Knight, Chris 克里斯·奈特 95
Kobele, Gregory 格雷戈里·科贝勒 130, 135, 174n7
Kos, Miriam 米里亚姆·科斯 177n15
Koulouris, Andreas 安德烈亚斯·库卢里斯 138
Krause, Johannes 约翰尼斯·克劳斯 76, 151
Kupin, Joseph 约瑟夫·库平 173n3
Kuypers, Hanricus Gerardus Jacobus Maria 汉里克斯·格拉尔杜斯·雅各布斯·玛丽亚·库伊佩斯 167n4

Ladd, D. Robert D. 罗伯特·莱德 171n1
Lancaster, Jane 简·兰卡斯特 6
Lane, Nicholas 尼古拉斯·莱恩 28, 33, 176n9
Lasnik, Howard 霍华德·拉斯尼克 135, 173n3
Lely, Heather K. J. van der 希瑟·K. J. 范德·莱利 158
Lenneberg, Eric H. 艾瑞克·H. 雷纳伯格 4–5, 14, 54, 91, 92, 96, 97, 102, 170–171n1

157

Lewontin, Richard 理查德·莱旺廷 63, 72, 78, 97, 98, 108, 149, 168n6
Liberman, Philip 菲利普·利伯曼 4
Lindblad-Toh, Kersten, 克斯滕·林德布拉德-都 48
Linnaeus, Carl 卡尔·林奈 3
Liu, Xiling 刘希灵 43, 46, 49, 152
Luria, Salvador 萨尔瓦多·卢里亚 81, 96
Lyell, Charles 查尔斯·莱尔 30
Lynch, Michael 迈克尔·林奇 60

Mackey, Scott 斯科特·麦基 163
Mampe, Birgit 比尔吉特·曼佩 1
Marchant, James 詹姆斯·玛钱特 110
Marcus, Gary 盖瑞·马库斯 176–177n11
Margulis, Lynn 林恩·马古利斯 27
Maricic, Tomislav 托米斯拉夫·玛丽奇卡 151, 169–170n10
Markowitz, Jeffrey E. 杰弗里·E. 马科维茨 142
Maynard Smith, John 约翰·梅纳德·史密斯 23, 27, 62
Mayr, Ernst 恩斯特·迈尔 4, 28–29, 34, 150, 171n1, 176n9
McMahon, April 阿普里尔·麦克马洪 35
McMahon, Robert 罗伯特·麦克马洪 35
McNamara, John M. 约翰·M. 麦克纳马拉 25
Mellars, Paul 保罗·梅拉尔斯 154
Mendel, Gregor Johann 格雷戈尔·约翰·孟德尔 15, 52
Miller, George 乔治·米勒 4
Minsky, Marvin L. 马文·L. 明斯基 51
Monod, Jacques 雅克·莫诺 31, 58, 62, 67–68, 111
Moro, Andrea 安德里亚·莫罗 106
Müller, Gerd 盖德·穆勒 60

Muller, Hermann J. 赫尔曼·J. 穆勒 34
Musso, Mariacristina 玛丽亚克里斯蒂娜·穆索 54, 106

Newmeyer, Frederick J. 弗雷德里克·纽迈尔 104
Newton, Isaac 艾萨克·牛顿 56
Nilsson, D. E. D. E. 尼尔森 157, 168n8
Niyogi, Partha 帕萨·尼约吉 55
Nowak, Martin A. 马丁·A. 诺瓦克 24, 25, 169n9, 176n9

Ohno, Susumu 大野进 50, 169
Okanoya, Kazuo 冈上和生 126, 142
Orr, H. Allen H. 艾伦·奥尔 25, 26, 34, 35–36, 67

Pulvermüller, Friedemann 弗里德曼·普尔弗米勒 51
Pagani, Luca 卢卡·帕加尼 110, 157, 177n14
Papadapoulos, Anthony 安东尼·帕帕达普洛斯 23, 25
Patterson, David A. 戴维·A. 帕特森 133
Patterson, Nick 尼克·帕特森 152
Peirce, Charles Sanders 查理斯·桑德斯·皮尔士 85
Pelger, Susanne 苏珊娜·佩尔杰 157, 168n8
Perania, Daniela 丹妮拉·佩拉尼亚 158, 159–161, 162
Petitto, Laura Anne 劳拉·安妮·佩蒂托 146, 148, 172n3
Petrides, Michael 迈克尔·佩特里迪斯 163
Pfenning, Andreas R. 安德里亚斯·R. 普芬宁 12, 13, 40, 41–42, 45
Pilato, Samuel 塞缪尔·皮拉图 126, 142
Pinhasi, Ronald 罗纳德·品哈西 153

人名索引

Pinker, Steven 史蒂芬·平克 95, 158
Poelwijk, Frank 弗兰克·普尔韦克 60
Poeppel, David 大卫·珀佩尔 14
Pollard, Carl 卡尔·波拉德 175n8
Post, Emil 埃米尔·波斯特 70
Prabhakar, Shyam 希亚姆·普拉巴卡尔 48
Priestley, Joseph 约瑟夫·普瑞斯特利 56
Przeworski, Molly 莫利·普热沃斯基 52, 156
Pääbo, Svante 施温提·柏保 38–39, 47–48, 151
Ptak, Susan E. 苏珊·E. 普塔克 169n10

Quine, Willard van Orman 威拉德·范·奥尔曼·奎因 85

Ramus, Franck 弗兰克·雷默斯 79, 107, 111, 164
Reinhart, Tanya 塔尼娅·莱因哈特 173n4
Reuland, Eric 艾瑞克·罗兰德 173n4
Rice, Sean R. 肖恩·R. 莱斯 19, 23, 25, 176n9
Ristad, Eric S. 艾瑞克·S. 罗斯塔德 174n7
Rosati, Alexandra G. 亚历山德拉·G. 罗萨蒂 33
Rose, Steven 斯蒂芬·罗斯 26
Rosenfeld, Azriel 阿兹瑞尔·罗森菲尔德 136
Ruzzo, Walter 沃尔特·鲁佐 139

Sagan, Carl 卡尔·萨根 28
Samet, Hanan 哈南·萨梅特 136
Sapir, Edward 爱德华·萨丕尔 120
Satta, Giorgio 希奥尔希奥·萨塔 176n10
Sauerland, Uli 乌利·赛尔兰德 71
Saussure, Ferdinand 弗迪南·索绪尔 95
Schreiweis, Christiane 克里斯蒂安娜·施雷维斯 41, 77
Schuler, William 威廉·舒勒 137

Sherman, Michael 迈克尔·谢尔曼 60–61
Skeide, Michael 迈克尔·斯凯德 158, 159
Smith, Neil 尼尔·史密斯 106
Somel, Mehmet 梅米特·索梅尔 43, 46, 49, 152
Spelke, Elizabeth S. 伊丽莎白·S. 史培基 165
Stabler, Edward 爱德华·斯特布勒 129, 130, 137–138
Stebbins, Ledyard 莱迪亚德·斯特宾斯 150, 171n1
Steffanson, Hreinn 赫莱因·斯蒂芬森 20
Steklis, Horst D. 霍斯特·D. 斯特克利斯 6
Stent, Gunther 冈瑟·斯滕特 57
Stevens, Kenneth N. 肯尼思·史蒂文斯 N. 78
St. Hilaire, Geoffroy 杰弗里·圣·希莱尔 58
Striedter, Georg 乔治·施特里特 65
Studdert-Kennedy, Michael 迈克尔·斯塔德特-肯尼迪 95
Számadó, Szabolcs 萨博尔茨·萨马多 80, 81
Szathmáry, Eörs 埃尔斯·绍特马里 27, 52, 80, 81

Takahashi, Daniel Y. 丹尼尔 Y. 高桥 14
Tallerman, Maggie 马吉·拖勒曼 35
Tarski, Alfred 阿尔弗雷德·塔斯基 85
Tattersall, Ian 伊恩·塔特索尔 37–38, 39, 50, 64–65
Teuber, Hans 汉斯·托伊伯 4
Thompson, D'arcy Wentworth 达西·温特沃斯·汤普森 59, 67
Thompson, John N. 约翰·N. 汤普森 26
Tishkoff, Sarah 萨拉·迪什科夫 46
Tomasello, Michael 迈克尔·托马塞洛 39, 97
Trubetzkoy, Nikolai 尼古拉·特鲁别茨柯 57
Tsimpli, Ianthi-Maria 伊安迪-玛利亚·奇普力 106

Turing, Alan 艾伦・图灵 9, 59, 60, 67, 91
Turner, John 约翰・特纳 26, 34

van der Lely, Heather K. J. 希瑟・K. J. 范德莱利 158
Van Dyke, Julie 朱莉・凡・戴克 136
Vargha-Khadem, Faraneh 法拉内・瓦尔加-卡德姆 76
Vernot, Benjamin 本杰明・韦诺特 27
Vigneau, Nicolas-Roy 尼古拉斯-罗伊・维格尼奥 159
Vijay-Shanker, K. K. 维杰－尚尔卡 175n8, 175n9

Wallace, Alfred Russel 阿尔弗雷德・拉塞尔・华莱士 3, 55, 81, 87, 109–110, 143, 164, 167n1
Wardlaw, Claude W. 克劳德・W. 沃德罗 59
Wexler, Kenneth 肯尼思・韦克斯勒 126
Whitney, William Dwight 威廉・德怀特・惠特尼 90, 95, 102
Wilson, Alan 艾伦・威尔森 43
Wood, Rachel 瑞秋・伍德 151
Wray, Gregory 格雷戈里・雷 43
Wright, Sewall 休厄尔・赖特 15, 17, 34, 62

Yang, Charles 查尔斯・杨 69, 112, 147–148, 177n13
Younger, Daniel H. 丹尼尔・H. 扬格 134

Zhou, Hang 周 152, 156, 170n10

主题索引

索引所标页码为英文版页码，即本汉译版的边码

Acquisition 习得
  beginning in infancy，起始于婴儿期，1
  of birdsong by songbirds，鸣禽对鸟歌声的～，142–143
  and brain development，～与大脑发育，161–162
  of signed and spoken languages，手语和口语的～，75, 172n3
  and species-specicity of language，～与语言的物种独有性，98, 103
  and universal grammar，～与普遍语法，6, 91
Adaptation，适应，3, 23, 33–36, 109 另见 Fitness; Natural selection and evolution, 25–27
Adjunction，附加，113
Advantage, selective, of language，语言的选择性优势，80, 164–166
Africa, spread of modern humans out of，现代人从非洲分布到各地，38–39, 54, 83, 150
Algorithms for computation of human language，人类语言的计算算法，132–139
Altitude adaptation，高原适应，26–27
Alzheimer's disease，阿尔茨海默病，170n11
Anatomically modern humans，解剖学意义上的现代人，38–39, 49, 50, 110, 152
Animal communication systems，动物交际系统，63–64, 81, 84–85, 102 另见 Communication
Anthropological linguistics，人类语言学，58
Ants，蚂蚁，131–132
Apes，类人猿，48, 143
Arcy-sur-Cure，屈尔河畔阿尔西，153–154
Art, figurative，具象艺术，38 另见 Symbolic behavior
Associationist learning，相联性学习，146
Associativity，相联性，120, 127–128, 177n12
Autapomorphy, language as，语言作为独征，53, 63 另见 Uniqueness of language to humans

Basic Property of language，语言的基本特性，1, 11, 50, 89–90, 107, 149–154
Binding，约束，100, 118–119
Biolinguistic perspective，生物语言学视角，53, 56, 89–90
Birdsong，鸟歌，12–14, 41, 124, 126, 140–143, 144–145
Blombos Cave，布隆伯斯洞穴，38, 149, 150
Bounded context，有界语境，124–125, 126–127, 142
Bounded Degree of Error，偏误的有限程度，126
Brain size of humans，人类的大脑尺寸，3, 29, 38, 48–49, 65, 152
Brain structure and language，大脑结构与语

161

言，12–14, 159–163
Broca's area，布罗卡氏区，159

Campbell's monkeys，坎贝尔的猴子，177n12
Canaries，金丝雀，142
Cannibalism，食人，153
Caruso theory of language evolution，语言演化的卡鲁索理论，3–4
Category formation，范畴构造，12
Chance as an evolutionary factor，偶然作为一个演化的因素，16, 17–23, 25, 28, 31–32 另见 Stochastic effects in evolution
Change, linguistic，语言变化，55, 82, 83, 91–92
Châtelperronian cave at Arcy-sur-Cure，屈尔河畔阿尔西的沙特佩龙尼亚洞穴，153–154
Child-directed speech，儿童导向的言语，5
Chimpanzees 黑猩猩
　　ability to cook food，～做饭的能力，32–33
　　attempts to teach human language to，教给～人类语言的尝试，112, 145–148
　　communication and，～的交际，85
　　genetic differences from humans，～与人类的遗传差异，43, 45, 48
Chromosome 17 in women，女性中的17号染色体，20
Chunks，语块，115–116, 140, 141, 142
Church-Turing thesis，丘奇–图灵论题，9
CNTNAP2，177n15
Cocke-Kasami-Younger (CKY) algorithm，CKY 算法，134, 137, 139
Cognoscitive powers，察觉力，85–86
Combinatory categorial grammar，组合范畴语法，113, 129
Communication，交际，63–64, 80–82, 86, 101–102
Computational complexity，计算复杂度，174–175n7
Computational intractability of evolution，演化在计算上的难处理性，19, 29, 176n9
Computation of linguistic structure，语言结构的计算，9–11, 120–139
Concatenation，串联，99, 127–128
Conceptual-intentional interface，概念–意向接口 见 Semantic-pragmatic interface
Conceptual structures in other animals，其他动物中的概念结构，84–85, 146, 173n2
Conditions for study of evolution of language，语言演化研究的条件，2, 94–98
Constraints, physical，物理限制，40, 59–60, 78 另见 Laws and principles of nature
Content-addressable memory，内容可寻址存储器，135–137
Context-free grammars (CFGs)，语境自由语法，112–113, 128–129, 130–131, 175n8 另见 Phrase structure grammar
Continuity vs. discontinuity of evolution，演化的连续论与非连续论 另见 Gradualism; Micromutationism
　　of the eye，眼睛的～，31–32
　　of language, arguments for continuity，语言的演化～，支持连续论的主张，3, 9, 30, 32–33, 96, 115
　　of language, arguments for discontinuity，语言的演化～，支持非连续论的主张，5, 14, 96, 143
　　and population genetics，～与种群遗传学，16
Convergent evolution，趋同演化，12
Cooking，做饭，32
Copy property of Internal Merge，内部合并的

拷贝属性，99–101, 107, 141
Corvids，鸦科，139–140
Counting and language，计数与语言，54, 126
Creativity of language use，语言使用的创造性，88
Creeps, evolution by，匍匐式演化，26 另见 Continuity vs. discontinuity of evolution
Critical period for language acquisition，语言获得的关键期，5
Crows，乌鸦，139–140

Darwinism，达尔文主义，2–3, 109–110
Darwin's problem，达尔文问题，3, 4, 11
Degree 2 learnability theory，二级可习得性理论，126
Denisovans，丹尼索瓦人，27, 29, 46, 50
Deterministic polynomial time，确定性多项式时间，174n7
Developmental-genetic toolkit，发育-遗传工具包，61
Digital infinity，数字无限性，1, 66, 70
Disconnect between *Homo* morphological and behavioral changes，人科物种的形态与行为变化之间的断层，37–38, 149
Displacement，易位性，55, 72–74, 79, 99–100, 106–107, 141
Distance, structural vs. linear in language，语言的结构距离与线性距离，8–9, 103, 116
Diversity，多样性，另见 Uniformity; Variation
  of languages，语言的～，57–58, 82–83, 92–93, 105, 107, 119–120
  of organic forms，生物体形态的～，58, 61
  of word combinations, as measure of rule-governed behavior，单词组合的～，作为规则支配的行为的一种测量手段，147–148

Divide-and-conquer approach to the language-evolution problem，语言演化问题的"分而治之"的方法，11, 14, 45
Drift, genetic，遗传漂变，17–19
Duplication, genomic，基因组复制，49–50, 169n9
Dyspraxia, verbal, and *FOXP2*，语言阅读障碍与 *FOXP2*，75–79，另见 Pathologies

Earley algorithm, Earley 算法，134, 137, 138
Effective population size, human，人类的有效种群规模，46
Efficiency, computational，计算效率，71, 73–74, 91, 101, 107, 142
El Sidrón Cave，埃尔西德隆洞穴，151
Enhancers, and evolution，增强子与演化，43–44, 48
Entrainment, dissociation of externalization and syntax，诱导，外化与句法是不相联的，14
Evolution and constraints，演化与限制，64
Evolution and development (evo-devo)，演化发育，58, 60, 62, 67, 68, 157
Evolution and game theory，演化与博弈论，23–25
Evolvability of universal grammar，普遍语法的可演化性，2, 91, 93, 94, 96
Exaptation，扩展适应，39
Explanatory adequacy，解释充分性，132
Externalization 外化
  and displacement，～与易位性，74
  and *FOXP2*，～与 *FOXP2*，40–41, 75–77
  as input-output system，～作为输入-输出系统，2
  and language diversity，～与语言多样性，82–83, 105, 108
  not modality-specific，没有特定模态，11–12

relatively peripheral to language, 对于语言来说是相对边缘的, 2, 74–76, 80, 101, 106
   as secondary, 作为次要的, 74–75
External Merge, 外部合并, 73, 99, 112, 128
Eye, evolution of, 眼睛的演化, 25, 30–32, 67, 157

Feature-agreement processing, 特征一一致加工, 177n15
Fiber tracts connecting Broca's and Wernicke's areas, 连接布罗卡氏区与韦尼克区的纤维束, 159–163
Figurative art, 象征艺术, 38, 另见 Symbolic behavior
Filler-gap problems, 填充语-空位问题, 74, 101
Finches, 雀类, 29, 123, 126, 141, 144–145
Finite-state machines, 有限状态机, 121
Finite-state transition networks, 有限状态转换网, 120, 121–128, 131, 140–141, 142, 177n12
Fitness, 适应度, 19, 20, 21, 23, 29, 46, 168n6, 另见 Adaptation; Natural selection
Fixation of genetic traits in populations, 遗传性状在种群中的固定, 17, 22–23, 46
FOXP2 (gene) and FOXP2 (protein), FOXP2（基因）和 FOXP2（蛋白质）
   in Neandertals and humans, 尼安德特人与人类的～, 47, 151, 169–170n10
   and processing, ～与加工, 177n15
   selective sweep in, ～中的选择性清除, 155
   and the sensorimotor system, ～与感知运动系统, 40–41, 75–79
Frequency-dependent selection, game theory and, 博弈论与频率依赖性选择, 24–25
Function, biological, 生物功能, 3, 39, 63

Gallistel's problem, 加利斯泰尔问题, 51, 139
Game theory, in evolutionary modeling, 博弈论的演化建模, 23–25
Generalized negative regulation theory, 广义负调控理论, 68
Generative capacity, 生成能力, 128, 175n9
Gene duplication, 基因复制, 49, 52, 169n9
Generative grammar, history of, 生成语法的历史, 1–2, 5–7, 68–71, 91, 93–94, 96–97
Generative procedures, 生成程序, 66, 69–70, 另见 Merge
Genetic drift, 遗传漂变, 17–19
Genetics and language, 遗传学与语言, 5, 6
Genetics of adaptation, 适应遗传学, 35
Genomics, human, 人类基因组学, 39, 45–50, 177n15
   and Neandertals vs. humans, 尼安德特人与人类的～, 48–49
Geospiza fortis and *G. scandens*, 中地雀和仙人掌地雀, 29
Gradualism, 渐变主义, 26, 35, 37, 62, 107, 110, 另见 Continuity vs. discontinuity of evolution; Micromutationism
Grotte du Renne, 雷恩洞穴, 154
HARE5, 48–49
Harmony, in phonology, 音系中的和谐, 120–124, 141–142
Head-driven phrase structure grammar (HPSG), 中心语驱动短语结构语法, 113, 129
Head grammar, 中心语语法, 175n8
Hierarchical nature of linguistic structure, 语言学结构的层级性, 8–9, 12, 112, 115–118
Homo erectus, 直立人, 48
Homo ergaster, 匠人, 38, 39

Homo habilis，能人，48

"Hopeful monsters"，"希望怪兽"，33

HPSG, 113, 129

Human capacity, the，人类能力，55, 64–65, 86

Human evolution, paleoarcheological，原始考古学上的人类演化，38–40

Human vs. nonhuman processing，人类与非人类的加工，9–11

Hybridization，杂交，154–155

I-language，I-语言，内化语言，90

Impairment, language，语言障碍，5, 另见 Dyspraxia, verbal, and *FOXP2*

Implementation of human-language computation，人类语言计算的实现，50–52, 110, 132–133, 139, 157

Indo-Europeanists，印欧语系学家，94–95

Infinity, digital，数字无限性，1, 66, 70

Inheritance, particulate vs. blending，颗粒遗传与融合遗传，15–16, 17

Insect navigation，昆虫导航，131–132, 157

Integration of information，信息整合，165–166

Intelligence, evolution of，智力的演化，28–29

Internal mental tool, language as，语言作为内部的心智工具，4, 81–82, 165, 另见 Thought, language as instrument of

Internal Merge，内部合并，73, 99, 125, 129–130, 173n2

Interpretation at interfaces，在接口得到释义，1, 8, 11, 99–100, 111, 另见 Semantic-pragmatic interface; Sensorimotor interface

Introgression，渗入作用，27

Jerks, evolution by，跳跃式演化，26, 另见 Continuity vs. discontinuity of evolution

Kanzi (bonobo)，坎兹（倭黑猩猩），177n13

k-local and k-piecewise regular languages，k-局部与 k-分段正则语言，124–125

k-reversible finite-state transition networks，k-可逆有限状态转换网，126, 142–143

Kuypers-Jürgens hypothesis，库伊佩斯-于尔根斯假说，167n4

Labels, syntactic，句法标签，10, 113, 136

Lactase persistence，乳糖耐受，27, 46, 171n1

Language (term)，语言（术语），53

Language and counting，语言与计数，54, 126

Language as mental tool，语言作为心智工具，4, 81–82, 165, 另见 Thought, language as instrument of

Language change，语言变化，55, 82, 83, 91–92

Language of thought，思维语言，11, 70, 87, 158, 172n6

Laws and principles of nature，自然法则与原则，67, 71, 78, 91, 另见 Efficiency, computational; Physical laws and constraints

LCT, lactase persistence gene，乳糖耐受基因，46

Leaps, evolutionary，演化跳跃，3, 另见 Continuity vs. discontinuity of evolution; "*Natura non facit saltum*"

Learnability of grammars，语法的可习得性，91, 125, 126–127, 142–143, 另见 Acquisition

Lexical-functional grammar (LFG)，词汇功能语法，113, 129

Lexical items，词项，见 Word-like atoms of language

Lexicon，词库，66, 99, 159, 161

Linear ordering of words/signs，单词/符号的线性顺序，8–9, 12, 69, 75, 102–103, 114, 119–120

165

Linear precedence constraints，线性先后顺序的限制，121, 140

Linear processing models，线性加工模型，9–10, 115–117

Linear vs. hierarchical structure，线性与层级结构，8–11, 106, 117–119

Linguistic universals，语言共性，167n3

Locality constraints，局部性限制，124–127

Lonchuria striata domestica，家蝇，141

Lookup，查找，136

Macaques，猕猴，163

Marmosets，狨猴，14

Marr explanatory levels，马尔的解释层级，132–139

Matrices in computation，计算中的矩阵，134, 138

MEF2A, 49

Mental phenomena, scientific status of，心智现象的科学地位，56, 88

Mental tool, language as，语言作为心智工具，4, 81–82, 165，见 Thought, language as instrument of

Merge，合并，10–11，另见 Generative procedures
  definition of，～的定义，10, 72–73
  and displacement，～与易位性，72–74
  emergence of，～的出现，79, 87, 149, 164, 175n9
    External，外部～，73, 99, 112, 128
    Internal，内部～，73, 99, 125, 129–130, 173n2
  as language "CPU"，～作为语言的"中央处理器"，40
  linear order not specified by，～没有明确规定线性顺序，113, 114
  and nonhumans，～与非人类，144

optimality/simplicity of，～的优化性/简单性，70–71, 98–99

Micromutationism，微小突变观，33–34, 37, 62，另见 Continuity vs. discontinuity of evolution; Gradualism

Mildly context-sensitive languages，温和的语境敏感语言，131, 176n9

Mind-body problem，心身问题，56

Mind-independent entities, characteristic of animal communication，独立于心智的实体，动物交际的特性，84–85, 147

Minimal computation/search，最简计算/搜索，10, 125

Minimalist Program，最简方案，8–9, 94, 111

Modern Synthesis，现代综合论，15, 16–17, 26, 33, 62

Motor control and learning, and *FOXP2*，肌动控制与学习，以及 *FOXP2*，76–77

Multiple context-free grammars (MCFGs)，多重语境自由语法，129–131, 175n9

Music，音乐，3–4

Mutation, as cause of emergence of language，突变作为语言出现的原因，70

Natural selection 自然选择
  and emergence of language，～与语言的出现，3, 65, 109
  and other evolutionary factors，～与其他演化因素，22, 25, 34, 37, 59, 105
  scope of solutions accessible by，～可用的解决办法的范围，19, 175–176n9
  as a sieve，～作为一个筛子，15, 31, 39, 59, 154
  speed of，～的速度，30，另见 Speed of evolutionary changes
  stochastic effects and，随机效应与～，16,

166

19–20, 28, 另见 Stochastic effects in evolution
"*Natura non facit saltum*," "自然无跃进", 3, 30, 另见 Continuity vs. discontinuity of evolution
Navajo sibilant harmony, 纳瓦霍语咝音和谐, 120–124
Navigation, 导航, 131–132, 157
Neandertals, 尼安德特人, 27, 29, 38, 46–50, 150–154, 169–170n10
Nim (chimpanzee), Nim（黑猩猩）, 112, 145–148
Noncoding DNA, 非编码 DNA, 43
Nonsense systems, 没有意义的系统, 106

Occipital bun in Neandertals, 尼安德特人的枕骨包, 152–153
Opsins, 视蛋白, 67, 168n8

Paleoarcheology of *Homo*, 人科的原始考古学, 37–38, 152
Panadaptationism, 泛适应主义, 109
Parallel parsing, 平行分析, 133, 138–139
Parameters, linguistic, 语言参数, 7, 54–55, 68–69, 82
Paris Linguistic Society, 巴黎语言学会, 94
Parsing algorithms, 分析算法, 134–135
Pathologies, 病理, 5, 另见 Dyspraxia, verbal, and *FOXP2*
Pedigree analysis, 家系分析, 5
Phenotype, language, 语言表型, 2, 6, 7, 11, 48
Phonemes and nonhuman analogs, 音位与非人类的类似物, 14, 78
Phonotactics, 音位结构学, 120–126
Photoreceptor cells, 感光细胞, 30–32
Phrase structure grammar, 短语结构语法, 70, 72, 173n2 另见 Context-free grammars

Physical laws and constraints, 物理法则与限制, 40, 59–60, 78, 另见 Laws and principles of nature
Pigment cells, 色素细胞, 30–32
Population size and population genetics, 种群规模与种群遗传学, 16, 17, 21–23, 46, 152
Primates, 灵长类, 9–10, 143, 145, 163–164, 另见 Apes; Chimpanzees
Principles and Parameters framework, 原则与参数理论框架, 7, 68–69, 93
Processing of natural language, 自然语言处理, 9–10, 50–51, 115–118, 137–138
Project Nim, Nim 课题, 112, 145–148
Pronouns and pronominal binding, 代词与代词约束, 118–119
Protolanguage, musical, 乐源性语言演化, 3–4
Proxies for language in the anthropological record, 人类学记录中的语言指标, 50, 87, 149, 153
Pushdown stacks, 下推栈, 50, 117, 131, 133–134

Quad trees, 四分树, 136
Quantal theory of speech production, 言语产出的量子理论, 75
Quantifier variable binding, 量词变量约束, 100
Quantitative trait locus analysis, 数量性状位点分析, 35

Rational morphology, 理性形态, 62
Recursion, 递归, 9, 66, 71, 112, 172n6
Reference and referentialism, 指称与指称主义, 85–86, 90–91
Regular languages and relations, 正则语言与关系, 120, 123–126, 另见 Finite-state tra-

167

nsition networks

Regular languages, limits of，正则语言的限制，128, 174n4

Regulation，调控，42–43, 49

Rewiring of the brain, emergence of language as，语言的出现由于大脑的重新布线，67, 79, 107, 110, 164

Rule-governed behavior vs. memorization，规则支配的行为与记忆，147–148

Saltation，跃变，见 Continuity vs. discontinuity of evolution

Sampling effects，抽样效应，17–19

Scala Naturae，自然阶梯，131–132

Selective advantage，选择性优势，20

of language，语言的～，80, 164–166

Selective strength，选择力，46, 另见 Fitness, 适应度

Selective sweeps，选择性清除，52, 151, 152, 154–156, 170n11

Semantic-pragmatic interface，语义-语用接口，1, 11, 70, 另见 Thought, language as instrument of

Sensorimotor interface，感知运动接口，2, 11, 40, 82, 另见 Externalization

Set-theoretic representation and Merge，基于集合的表征与合并，10, 98, 135

Sibilant harmony in Navajo，纳瓦霍语的咝音和谐，120–124

Sign language，手语，5, 74–74, 83, 172n3

Simpler Syntax，更简句法，175n7

Simplicity of syntax of human language，人类语言句法的简单性，2, 7, 70, 98–99, 106

Singing，鸣叫，3–4

SLIT1，42

Songbirds，鸣禽，12–14, 41, 124, 126, 140–143, 144–145

Speech perception，言语感知，143

Speed of evolutionary changes，演化性改变的速度，26, 28, 29–30, 31, 45, 105, 169n9, 176n9

Spread of modern humans out of Africa，现代人从非洲分布到各地，38–39, 54, 83, 150

Starlings，椋鸟，144

Stickleback fish，刺鱼，67

Stochastic effects in evolution，演化中的随机效应，17–23, 25, 31–32, 36, 46, 另见 Chance as an evolutionary factor

Stochastic gravity well，随机引力井，22, 27, 46

"Streams," language processing by，以"语流"为单位进行语言加工，115–116

Strong generative capacity，强生成能力，128

Strong Minimalist Thesis (SMT)，强式最简命题，71–72, 84, 94, 98

Structuralism，结构主义，57, 95–96

Structure dependence of rules，规则依存于结构，8–9, 103–104, 114–115, 118–119

Symbolic behavior，符号行为，38, 50, 55, 149, 150, 153–154

Tape of life，生命的磁带，60

Television, analogy to externalization，电视，与外化类比，172n5

Thought, language as instrument of，语言作为思维工具，另见 Language of thought

and Darwin's Caruso theory，～与达尔文的卡鲁索理论，3–4

rather than communication，～而不是交际，64, 74, 81, 101–102, 107

selective advantage of，～的选择性优势，164–166

主题索引

Tibetans,藏族人,26–27
Time for emergence of language,语言出现的时间,149–150
Tonal languages, putative genetic preference for,公认的声调语言的遗传偏好,171n1
Transcription factors and evolution,转录因子与演化,见 *FOXP2* (gene) and FOXP2 (protein)
Transformational generative grammar,转换生成语法,5–6, 114, 126, 135, 173n3
Transitions in evolution,演化中的转变,26–28
Tree-adjoining grammar (TAG),树邻接语法,113, 129
Tree structures,树形结构,135, 176n11
Tripartite model of human language,人类语言的三元模式,11, 40
Tuning by infants,婴儿的调音,14
Turing machines,图灵机,50, 117, 131, 134–135, 174n7

Uniformitarianism,均变论,30, 33
Uniformity,一致性,另见 Diversity; Variation
  of human language faculty,人类语言官能的~,54, 87, 105–106, 177n15
  in nature,本质上的~,58, 60–62
Uniqueness of language to humans,语言对于人类的独特性,53, 63–64, 84–86, 98, 132
"Universal algorithmic acid," fitness/selection as,适应度/选择作为"通用算法酸",19, 176n9
Universal grammar (UG),普遍语法,6–7, 58, 90–91, 92–93, 97–98
Universals, linguistic,语言共性,167n3

Vapnik-Chernovenkis dimension, Vapnik-Chernovenkis 维,126–127
Variation,另见 Diversity; Uniformity,变异
  crosslinguistic,跨语言~,57–58, 82–83, 92–93, 105, 107, 119–120
  genetic,遗传~,15, 53, 57, 170–171n1, 177n15
Very large scale integrated circuits,超大规模集成电路,138
Vocal learning,发声学习,2, 12–14, 40–45, 140, 144
Vocal tract, genetic differences and linguistic effects,声道,遗传差异与语言效应,170–171n1

Wallace's problem,华莱士问题,*See* Darwin's problem,见 达尔文问题。
Weak generative capacity,弱生成能力,175n9
Wernicke's area,韦尼克区,159
Western scrub jays,西丛鸦,140
Wings,翅膀,105
Word-like atoms of language evolution of,语言演化中的类似词的原子的演化,66, 71–72, 90–91, 149, 173n1
  mind-dependent/nonreferential,独立于心智的/非指称性的,84–86
  in the Principles and Parameters framework,在原则与参数理论框架中,7
  stored in the lexicon,存储在词库中,66, 159
  uniquely human,人类独有,84–85, 146–148
Word order,语序,见 Linear ordering of words/signs
Workspace, generative,生成工作区域,99, 164

语言学及应用语言学名著译丛书目

句法结构（第2版）	〔美〕诺姆·乔姆斯基 著
语言知识：本质、来源及使用	〔美〕诺姆·乔姆斯基 著
语言与心智研究的新视野	〔美〕诺姆·乔姆斯基 著
语言研究（第7版）	〔英〕乔治·尤尔 著
英语的成长和结构	〔丹〕奥托·叶斯柏森 著
言辞之道研究	〔英〕保罗·格莱斯 著
言语行为：语言哲学论	〔美〕约翰·R.塞尔 著
理解最简主义	〔美〕诺伯特·霍恩斯坦 〔巴西〕杰罗·努内斯 〔德〕克莱安西斯·K.格罗曼 著
认知语言学	〔美〕威廉·克罗夫特 〔英〕D.艾伦·克鲁斯 著
历史认知语言学	〔美〕玛格丽特·E.温特斯 等 编
语言、使用与认知	〔美〕琼·拜比 著
我们的思维方式：概念整合与心智的 　　隐匿复杂性	〔法〕吉勒·福柯尼耶 〔美〕马克·特纳 著
为何只有我们：语言与演化	〔美〕罗伯特C.贝里克 　　　诺姆·乔姆斯基 著
语言的进化生物学探索	〔美〕菲利普·利伯曼 著
叶斯柏森论语音	〔丹〕奥托·叶斯柏森 著
语音类型	〔美〕伊恩·麦迪森 著
语调音系学（第2版）	〔英〕D.罗伯特·拉德 著

韵律音系学	〔意〕玛丽娜·内斯波 〔美〕艾琳·沃格尔	著
词库音系学中的声调	〔加〕道格拉斯·蒲立本	著
音系与句法：语音与结构的关系	〔美〕伊丽莎白·O.塞尔柯克	著
节律重音理论——原则与案例研究	〔美〕布鲁斯·海耶斯	著
语素导论	〔美〕戴维·恩比克	著
语义学（上卷）	〔英〕约翰·莱昂斯	著
语义学（下卷）	〔英〕约翰·莱昂斯	著
做语用（第3版）	〔英〕彼得·格伦迪	著
语用学原则	〔英〕杰弗里·利奇	著
语用学与英语	〔英〕乔纳森·卡尔佩珀 〔澳〕迈克尔·霍	著
交互文化语用学	〔美〕伊斯特万·凯奇凯什	著
应用语言学研究方法	〔英〕佐尔坦·德尔涅伊	著
复杂系统与应用语言学	〔美〕戴安娜·拉森-弗里曼 〔英〕琳恩·卡梅伦	著
信息结构与句子形式	〔美〕克努德·兰布雷希特	著
沉默的句法：截省、孤岛条件和省略理论	〔美〕贾森·麦钱特	著
语言教学的流派（第3版）	〔新西兰〕杰克·C.理查兹 〔美〕西奥多·S.罗杰斯	著
语言学习与语言教学的原则（第6版）	〔英〕H.道格拉斯·布朗	著
社会文化理论与二语教学语用学	〔美〕雷米·A.范康珀诺勒	著
法语英语文体比较	〔加〕J.-P.维奈 J.达贝尔内	著
法语在英格兰的六百年史（1000—1600)	〔美〕道格拉斯·A.奇比	著
语言与全球化	〔英〕诺曼·费尔克劳	著
语言与性别	〔美〕佩内洛普·埃克特 萨利·麦康奈尔-吉内特	著
全球化的社会语言学	〔比〕扬·布鲁马特	著
话语分析：社会科学研究的文本分析方法	〔英〕诺曼·费尔克劳	著
社会与话语：社会语境如何影响文本与言谈	〔荷〕特恩·A.范戴克	著

图书在版编目(CIP)数据

为何只有我们:语言与演化 /(美)罗伯特·C.贝里克,(美)诺姆·乔姆斯基著;程工,李涤非译. —北京:商务印书馆,2024(2024.12重印)
(语言学及应用语言学名著译丛)
ISBN 978-7-100-22976-0

Ⅰ.①为… Ⅱ.①罗… ②诺… ③程… ④李… Ⅲ.①人类语言学—研究 Ⅳ.①H0

中国国家版本馆 CIP 数据核字(2023)第 194142 号

权利保留,侵权必究。

语言学及应用语言学名著译丛
为何只有我们:语言与演化
〔美〕罗伯特·C.贝里克 诺姆·乔姆斯基 著
程 工 李涤非 译

商 务 印 书 馆 出 版
(北京王府井大街36号 邮政编码100710)
商 务 印 书 馆 发 行
北京市白帆印务有限公司印刷
ISBN 978-7-100-22976-0

2024年3月第1版 开本 880×1230 1/32
2024年12月北京第2次印刷 印张 5⅞
定价:58.00 元